TRUTH IN FANTASY

ゴーストハンター

エクソシストから修験者まで

三猿舎 編

新紀元社

TRUTH IN FANTASY

ゴーストハンター　エクソシストから修験者まで
CONTENTS

序章　ゴーストハンター入門

第1章　エクソシスト

- エクソシストの概念 …………… 14
- エクソシストの戦闘術 ………… 41
  - 『ローマ教会典礼定式書』にみる悪魔祓い …… 41
- エクソシストの服装＆アイテム …… 48
  - スータン（カソック） …… 49
  - スルプリ（コッタ） …… 49
  - ストラ（頸垂帯） …… 50
  - 聖水 …… 50
  - 灌水器 …… 51
  - 聖油 …… 51
- 聖塩 …… 52
- 十字架 …… 52
- 聖遺物 …… 52
- エクソシストの事件簿 …… 53
  - ピオ神父vs.悪魔 …… 53
  - ローマ教皇ヨハネ・パウロ2世vs.悪魔 …… 56
  - カンディド神父vs.悪魔 …… 59
  - マッケナ司教vs.最強の悪魔「蠍」 …… 63
  - アモルス神父vs.悪魔 …… 67
  - チリーニ神父vs.カテリーナ …… 69

第2章　日本のゴーストハンター

- 日本のゴーストハンターの概念 …… 72

仏教者 …… 80

- 仏教者と祓魔の起源 …… 80
- 仏教者の戦闘術 …… 85
  - 護摩修法 …… 85
  - 塗香 …… 86
  - 真言・念仏・題目・宝号 …… 87
  - 太元帥法 …… 87
  - 大聖歓喜天法 …… 88
  - 大威徳明王の怨敵調伏法 …… 88
  - 軍荼利明王の除魔治病法 …… 89
- 摩利支天法 …… 89
- 仏教者の服装＆アイテム …… 90
  - 袈裟 …… 91
  - 法衣 …… 92
  - 冠帽・帽子 …… 93
  - 草履・沓 …… 93
  - 念珠 …… 93
  - 扇 …… 94
  - 金剛杵 …… 94
  - 羯磨金剛 …… 96
  - 振鈴 …… 96
  - 金剛盤と金筥 …… 97
  - 輪宝 …… 97

四橛と壇線	97
供養具	98
六器	98
五器・八器	98
灑水器	98
塗香器	99

仏教者の事件簿 ... 100
叡尊vs.病	100
明恵vs.亡霊	102
性信入道親王vs.邪霊	104
源翁心昭vs.殺生石の霊	105
祐天vs.霊夢	109

修験者 ... 112

修験者と祓魔の起源 ... 112
修験者の戦闘術 ... 115
九字法	115
九界切開法	117
不動金縛法	117
柴燈護摩	117
白刃加持	118
影針紙剣法	118
少彦名命の影針	119
呪詛返しの秘法	119
呪符	119

修験者の服装&アイテム ... 120
修験十二道具と修験十六道具	121
①頭襟	121
②班蓋	122
③鈴懸	122
④結袈裟	123
⑤法螺	124
⑥念珠	124
⑦錫杖	124
⑧笈	124
⑨肩箱	125
⑩金剛杖	125
⑪引敷	125
⑫脚絆	125
入峰斧	126
三鈷柄剣	126
法弓	126

修験者の事件簿 ... 127
相応vs.天狗	127
増誉vs.腫れ物（呪詛）	129
行尊vs.物の怪	130
浄蔵vs.怨霊	133

陰陽師 ... 136

陰陽師と祓魔の起源 ... 136
陰陽師の戦闘術 ... 139
祓いとしずめ	139
隠形術	139
式神	140
呪詛返し	140
鬼気祭や霊気道断祭	140
泰山府君祭	140
天曹地府祭	141
撫物と人形	141
九字と呪文と呪符	141
身固め	142
反閇	143
方違え	145
太上神仙鎮宅霊符	145

陰陽師の服装&アイテム ... 146
衣冠束帯	147
日常の普段着	148
具注暦と七曜暦	149
式占で用いる式盤	150
渾天儀	151
秘書	151
河図洛書や易書	152
人形	152
縄	153
霊符・呪符	153

陰陽師の事件簿 ... 154
吉備真備vs.藤原広嗣	154
滋岳川人vs.地神の怒り	156
弓削是雄vs.伴世継の悪夢	158
賀茂忠行vs.平将門&藤原純友	160
賀茂保憲vs.宿曜師法蔵	161
安倍晴明vs.那智の天狗	163
蘆屋道満vs.安倍晴明	166
智徳法師vs.海賊	168
安倍泰親vs.雷	170
安倍泰成vs.妖狐・玉藻前	172

民間宗教者……174

民間宗教者と祓魔の起源……174
民間宗教者の戦闘術……178
- 怨念しずめ……178
- 不浄霊退散法……179
- 遠隔祈祷法……179
- 悪霊退散術……180
- 悪疫退散法……180
- 甘茶供養法……180
- 洗米供養法……181
- み手代取り次ぎ法……181
- 悪霊護身法……182

民間宗教者の服装&アイテム……183
- 神道系の装束の色々……183
- 呪物……184
- 塩……184
- 水と御神酒……185
- きよめの砂……185
- 数珠と線香……185
- 護符や霊符……185
- 首飾りやペンダント……185
- 不成仏霊を成仏させる霊符……186
- 石笛……186
- 梓弓……186

民間宗教者の事件簿……187
- 出口王仁三郎vs.悪霊・邪霊……187
- 岡田茂吉vs.邪気・邪霊……189

第3章 世界のゴーストハンター

世界のゴーストハンターの概念……192
世界のゴーストハンター分布マップ……194
世界のゴーストハンターの事件簿……196
- オーザク人の呪術師vs.悪霊……196
- アパラチア人vs.ハイント（精霊）……197
- ヴードゥーの祭司vs.悪霊……198
- サンテリアのオーヤvs.エンヴィアシオン（悪霊）……200
- マクンバのパイ・デ・サント（司祭者）vs.呪い……203
- フィリピン心霊手術師vs.悪霊……205
- ベジタリアン・フェスティバルの導師（タンキー）vs.悪霊……206
- カーリー・プジャのカーリー女神vs.悪魔……208
- スリランカのエデュラ（信仰治療家）vs.病気の精霊……209
- ディンガカvs.モロイ（妖術師）……210
- ジプシーvs.ムロ（死霊）……212
- イギリスの魔女vs.悪霊……213

COLUMN
現代のゴーストハンター
- 山田龍真……135
- イタコとユタ……190

序章

ゴーストハンター入門

時代や洋の東西を問わず、すべての文化・民族にニュアンスの違いはあっても、なんらかの「ゴースト」(幽霊)の概念は存在する。そしてそこには、これを察知し、退治する手段や術者(祓魔師)が生まれている。

不滅のゴーストハンター

ゴーストハンターとは何か？

　　ゴーストハンター（Ghost hunter）とは、文字どおりには、英語で「幽霊を狩るもの」のことである。類義語にゴーストバスター（Ghost buster）がある。「幽霊の破壊者」の意味だ。

　　ゴーストハンターとゴーストバスターは厳密には区別されることもあるようだ。それによると、ゴースト「ハンター」は、幽霊が出るといわれているところ、幽霊が原因で怪奇現象が起きるといわれているところ、幽霊の出そうな「いわくつきの場所（惨殺の起きた場所など）」に出向き、そこに幽霊がいるのを（もしくはいるかどうかを）「探す」のが中心である。ゴーストハンターは「幽霊探し屋」なのだ。欧米では、幽霊探しのための、一般人対象の「ゴースト・ハンティング・ツアー（Ghost hunting tour）」すら存在する。

　　対してゴースト「バスター」は、すでに存在がはっきり確認されている霊（もっとも、懐疑論者にとっては、この言い方自体ありえないだろうが）を追い払う・除霊する・消滅させる（言葉の定義はともかく）もののことである。ゴーストバスターという言葉は、同名の映画によってよく知られるようになった。

　　実際のところは、ゴーストハンターとゴーストバスターは両者の機能を兼ね備えていることが多いだろう。その意味では両者の区別は厳密ではない。日本でも、一般的にゴーストハンターといえば、幽霊を探し退治する、両方の役割を併せ持った存在としてイメージされることが多いはずだ。

　　以下、本書のタイトルと趣旨に合わせ、ゴーストハンターを、ゴーストバスターと同義語として用いる。

　　現在ではどんな人々がゴーストハンターになるのであろうか？　真剣に幽霊を信じていて、宗教やオカルト的な思想を持ち、真剣に

幽霊の害から人を救おうとするゴーストハンターもいれば、たんに「面白半分」でゴーストハンティング（Ghost hunting）にかかわる者もいる。海外では、ゴーストハンターに必要な道具やマニュアルを売るショップすらあるという。科学的に幽霊を解明しようと考えてゴーストハンティングに興味を持つ者もいる。地域に根ざした呪術師や宗教者が、その役割としてゴーストハンティングをおこなうことも多いだろう。

ゴーストとは何か？

　すべての文化や民族において、多少の違いはあれど、ゴーストの概念は存在するものといってよい。

　科学が発展した現在では、幽霊の存在を信じない人も増えたものの、幽霊をテーマにしたアニメや映画、怪談話は、消えることがまったくないようである。幽霊に会った、と主張する人も多く存在する。

　それでは、ゴーストハンターが探し、退治する「ゴースト」とはなんだろうか？

　辞書でゴースト（Ghost）を引くと、幽霊、幻影、妖怪、霊などの訳語が出てくる。幽霊という意味において簡単に定義するならば、ゴーストとは、死んで肉体を失った人間や動物の魂が、あの世に行けずに（もしくは行かずに）、現世に残っているもののことである。あの世の定義や呼び方は宗教や文化によって異なるが、つまりは現世とは違った、死んだ人間が訪れる世界のことだ。

　人間が話題にするゴーストの大部分は、やはり人間のゴーストであることが多いが、実際にはゴーストは人間のものとは限らない。動物の幽霊が目撃されたという話はいくつも伝わっているし、その真偽はともかくとして、車や船といった「物体」のゴーストすら出現するという話があるのだ。もっとも車や船は人間のような意味で生きて魂があるわけではないと考えられるので、その正体は人間のゴーストとは違い、何かの幻かもしれない。

　幽霊として魂がこの世にとどまる理由としては、突然の事故死などのため自分が死んだことが分からない、何か現世でやり残した悔

いや、恨みがある、といったことが挙げられる。

　日本語でしばしば、「地縛霊」という言葉を聞くが、この言葉は英語でも存在し、アース・バウンド・スピリット（Earth bound spirit）、つまり「地に縛られた霊」という表現をする。幽霊が特定の場所で起きたことや特定の場所の人間に強い念（恨みなど）を持ってしまい、そこから動けなくなるという考えは普遍的であることがうかがえる。

　ゴーストは思念体、つまり人間の想いや念が強く空間に焼きつけられたものだという考えもある。地縛霊とは、人間の念がその場に「焼きついて」残った残像のようなものだと考えれば、いわゆる地縛霊がその場から動けない現象の説明がつくかもしれない。

　また、人間の思念がゴーストとなることもあるならば、いわゆる「生き霊」、生きた人間の「霊」があらわれるという概念も説明がつく。

ゴースト、スピリット、デーモン

　ゴーストハンターの対象は広い意味では人間のゴーストに限らず、スピリット（Spirit）やデーモン（Demon）も含まれる。

　ゴーストとスピリットはしばしば区別が難しい。スピリットとは辞書を引くと「霊」や「精霊」と訳されているが、もともとラテン語で「呼吸」を意味する単語から派生したものであり、物質や肉体を「生きているもの」としている要素のことである。

　ゆえに、「死」とは、肉体を生かしたものにしているスピリットが肉体から去ることであり、肉体から去ったスピリットは「霊」とみなされるわけだ。また、肉体を持たない霊的な存在（妖精など）も、スピリットと呼ばれるわけである。

　話がややこしくなるが、同じ霊として見えても、スピリットとゴーストを区別する専門家もいる。ゴーストは先に述べたような、念がその場に「焼きついた」ものであり、厳密には人間の魂が残ったものではないのに対し、スピリットは人間の魂が肉体から抜けたもの、だという区別方法である。

　この定義に従うなら、ゴーストは、焼きついた時間や場所のまま

とどまり、念の「主」であった人間の関心事に従うロボットのようなものであるのに対して、スピリットは我々のように意識を持ち、自主的に行動することができ、生きた人間たちと干渉しあうことがあるということだ。

　幽霊やスピリットは形のないものである以上、定義や考え方は、人によって異なる。それゆえに、世界のゴーストの概念をみていくと、面白い例に遭遇する。

　たとえば、ゴーストは必ずしもゴーストのままとは限らず、他の存在との境界線が曖昧になることもある。第3章で挙げたジプシー（Gypsy）の伝承（212ページ参照）では、死者の霊はヴァンパイア（Vampire 吸血鬼）になることもあるとされている。

　「デーモン」とは、悪魔と訳されることが多いが、本来のデーモンと、キリスト教をはじめとする一神教の概念である「悪魔」とは異なる。本来デーモンとは、ギリシャ語でスピリット、神の力、などを意味するダイモーンから派生しており、精霊、幽霊、自然のなかの神といったものをデーモンと呼んだ。デーモン自体には、良い存在・悪い存在の意味はないが、現在のゴーストハンターがデーモンといった場合、人に危害を加える霊や、一神教的な意味での「悪魔」であることが多い。

　この意味ではゴーストハンターは、エクソシスト（Exorcist）、つまり悪魔祓い師ともオーバーラップしてくるのだ。

古代のゴーストハンター

　ゴーストハンティングは、人間の歴史とともにはじまったといえる。古代の人々は、アニミズム（Animism）の世界に生きていた。アニミズムとは、すべてのものは何かの形で魂を持って生きているという考えであり、ゆえに、我々が霊と呼ぶものの概念は人間にとって身近なものだったのだ。

　（余談だが、車や船も、アニミズム的な意味でいえば生きているわけであり、その意味では車や船の幽霊の説明もつくかもしれない）。

ゴーストやスピリットが存在すると考えられ、その霊を恐れたり邪魔だと感じる人間がいる限り、それを追い払おうとする人間が出てくるのも当然であるし、それを専門とする人間があらわれるのも、また当然なのだ。

　記録に残っている最古のゴーストハンティングと思われる話がある。それはすでに2000年も昔、古代ローマの文人、小プリニウスとして知られるガイウス・プリニウス・カエキリウス・セクンドゥス（61～112）が語ったものである。

　ギリシャのアテネにあるとある家では、深夜になると、鉄のぶつかるような音がするという。その音はだんだん近づいてきて、突然、「青ざめた、やつれた顔の、髪が風になびいているように見える男の老人」の幽霊があらわれるというのだ。よく見ると、男は足かせ・手かせをつけられており、深夜に聞こえる「鉄のぶつかる音」はそれが出しているものだと分かるのだ。住人は恐怖のあまり狂気に陥り、やがて家は貸家となったが、空き家のままとなった。

　アテノドラスという哲学者がその家の看板を読み、幽霊話に怯えもせず、むしろ泊まりたがった。書き物をしているアテノドラスの前にあらわれた霊は、彼を手招きした。アテノドラスがその手招きについていくと、幽霊は、とある場所で消滅した。その場所に印をし、次の日に掘ると、手かせ・足かせをつけた骨が見つかった。それを正式に埋葬すると、それ以来幽霊は出なくなったという。

　この話は、2つのことを教えてくれる。ゴーストハンティングはそれほどに古くからおこなわれていること。幽霊が心残りであることを解決することが、幽霊をあの世に送る方法の1つである、ということだ。

ゴーストハンターの手法

　ゴーストハンティングのための方法は、大きく2つの系列があるといえる。

　1つは、より古い方法であり、呪術的・魔術的・宗教的なものである。本書にも西洋・東洋の実例がいくつか紹介されているが、呪

文を用いる、神々の名前のもとに追い払う、薬草やお守りを使うなど、方法は多種多様である。

ゴーストハンティングのためには、ゴーストの探知が必要になることが多い。幽霊は常に同じ場所に常時出現しているわけではないからである。

よく、幽霊の出る場所に行くと寒気を感じるという話を聞くだろう。幽霊の存在はその場から熱を奪うと解釈されており、その冷たい場所をコールド・スポット（Cold spot）と呼ぶ。

伝統的なゴーストハンターは、それらの「体感」や目撃談に加え、いわゆる「霊感」を駆使する、ダウジング（Dowsing）をおこなう、ウイジャ盤（Ouija Board。「霊応盤」とも訳す）に頼るなどの方法を使うだろう。

ダウジングとは、古くから水脈探しや貴金属探しに使われたことで知られている技術で、L字型に曲げた棒（L-ロッド）、もしくはY字型の棒（Y-ロッド）を手に持ち、その動きで目的物を探知する（この場合は幽霊）。

ウイジャ盤は、西洋版こっくりさんともいわれ、文字の書かれたボードのうえにハート型のインディケーター（Indicator。プランシェット〈Planchette〉と呼ばれる）をおき、そのうえに参加者が手をおく。霊魂とコンタクトが取れると、そのインディケーターが霊魂のメッセージを綴るというものである。こっくりさん遊びと同じで危険なこともあるので使用には注意が必要だ。

対して、現在では、ゴーストハンティングにはもっと科学的な器機が用いられることもある。幽霊を科学的に検証しようとした大きな動きは、19世紀のイギリス、ケンブリッジで1882年に設立された、（英国）心霊現象研究協会（The Society for Psychical Research。略称SPR）以降、いくつも起きている。この協会には哲学者、科学者などがメンバーとして名を連ねており、その目的の1つには、「幽霊を含む超常現象・心霊現象を科学的に検証・解明すること」が含まれていた。

現代的ゴーストハンターは、幽霊の出没と関係するとされている電磁波を調べるための電磁波測定器、幽霊の起こす物音を記録する

ための高性能の録音装置、暗闇でも撮影できるビデオ（幽霊は暗闇の方が出没しやすいとされているため、ゴーストハンティングは夜におこなわれることが多い）、放射赤外線の温度計などを用いることも多い。

　もちろん、これらの器機を幽霊探しのために使うことで、「本来は存在しない幽霊を探すことを、まるで科学的なものかのように錯覚させている」と批判する者もいることは知っておくべきである。これらの道具を効率よく用いるために、オカルト的なゴーストハンターが個人でも機能することが多いのに対し、機材を用いる現代的ゴーストハンターたちは「チーム」として働くことが多い。

　現在のゴーストハンターには、完全に魔術・宗教・オカルトなどの手法と思想でおこなう者、科学的器機のみを用いる者、効果的なものは、新しい・古いにかかわらずなんでも用いる者、などがいるといえる。

結論

　この序章でみてきたように、ゴーストの考え方も、ゴーストハンティングの手法も、本当にさまざまである。

　しかしゴーストハンターが消えてしまうことはなさそうである。幽霊が本当に存在するかどうかは、厳密には問題ではない。いやそれどころか、幽霊が本当に危害を加えるのかすら問題ではないかもしれない。幽霊が危害を加えることはまれだとする研究家も多い。

　しかし、幽霊が感じられて、それを恐がる人たちがいる限り、どんなに科学が発展しようと、どれだけ迷信的であるといわれようと、ゴーストハンターたちは決して消えることはないのである。

第1章

エクソシスト

西洋において「悪」とは、「悪魔」とは何か？ これと対峙する「エクソシスト」はどのようにして生まれたのか？ イエス自身が「悪魔祓い師」だったという『聖書』の世界から2000年に及ぶキリスト教の長い歴史をたどる。

エクソシストの概念

悪魔とは何か？

　「今はこの世が裁かれる時である。今こそこの世の君は追い出されるであろう」（『ヨハネによる福音書』第12章31。聖書からの引用は日本聖書協会『聖書 新共同訳』による。以下同）。

　エルサレムにおける群衆への説教のなかで、イエスは自らが天に上げられることを予言しつつ、このように告げる。今こそ、この世が裁かれ、「この世の君」は追い出されるときである、と。

　ここでいう「この世の君」、すなわちこの世界の支配者とは、悪魔の王とされるサタンにほかならない。イエスがここで説いているのは神の国の到来である。「今こそ」待望久しき神の国が到来する。そうすれば、悪と苦難に満ち満ちた、サタンの支配するこの世界は終わりを告げるであろう。

　すなわちイエスの、そして当時の多くのユダヤ人の認識においては、この世界は悪魔の世界であり、その滅亡こそが我々に残された唯一最大の希望だったのである。

　もっとも、イエスのこの予言からすでに2000年近くのときが経過したが、いまだに「この世の君」は「追い出され」てはいない。悪魔は依然としてこの世を支配している。この世は依然として、悪と苦難に満ち満ちている。

　悪魔とは何か？

　悪魔とは、この世に満ちる悪の人格化である。悪とは、端的にいえば、苦痛を知覚する能力のある存在者に対して加えられる理不尽な苦痛をいう。この世における生は苦痛の連続であり、ゆえにこの世は悪に満ち満ちている。

　悪には自然的な悪と倫理的な悪が存在する。前者は地震・疫病（びょう）・旱魃（かんばつ）・飢饉（ききん）などの天災であり、後者は迫害・圧政・差別・戦

争などの人災である。だがいずれも人の心身に甚大な苦痛をもたらすものであるという点ではなんら変わるものではなく、古代人の意識においてはさほど画然たる区別はなされていなかったと考えられる。

なぜなら、いずれの場合においても、悪をなすのは人為を超越した超自然的存在にほかならなかったからだ。

古代の人々は、現代人よりもはるかに深く、意識と外界とが相互作用する世界に生きていた。彼らにとって人為を超えた超自然的なものが存在することは、疑問を差し挟む余地のない事実であった。なぜなら彼らは自らの周囲に、常に、ごく自然に、人間をはるかに超えた存在の力を感じていたからである。その存在を神と呼ぶか天使と呼ぶか、あるいは精霊、悪魔と呼ぶかはささいなことに過ぎない。

のちにキリスト教の揺籃の地となる古代中東においても、人々の日常生活のただなかに、そうした霊的存在が跋扈していた。

戦争と悪魔

古代エジプトにおいて、悪の原理を体現する存在とされるのはセトである。神話においては、主神オシリスの弟であるセトは、兄オシリスの名声を妬んでこれを謀殺し、その遺児であるホルスと対立する。のちにエジプトのファラオは自ら地上におけるホルスの化身を名乗ったため、セトは悪魔視されるに至るわけだが、古い時代においては上エジプトの地方神であり、ヘリオポリス9柱神の一翼を担っていた。オシリスは下エジプトの神であり、その息子ホルスは上下エジプトを統一したとされているところから、おそらくホルス崇拝者である下エジプトの征服者が、被征服民の神であるセトを悪魔化（デモナイズ）したのであろう。

このように、戦争の結果として敗者の神が零落し悪魔化するということはいずれの文化圏においても普遍的にみられる現象である。

ギリシアではオリュンポスの神々に敗れたティタン神族が悪神となり、北欧神話のアース神族は悪の巨人族を征服した。インド＝イ

ラン神話には2つの系統の神族が存在したが、イランではアフラ神族が勝って主神アフラマズダとなり、敵対するダエーワ神族は悪霊となった。逆にインドではデイヴァ神族（イランのダエーワ神族）が勝利し、アシュラ神族（イランのアフラ神族）は敗れて魔族となった。古代人の意識においては、人が地上で戦争するとき、彼らが奉ずる神々もまた神界で争っている。地上での戦争は、神界でおこなわれている聖戦の影なのである。

　キリスト教、およびその母体にして源流であるユダヤ教が厳格な一神教であることはつとに知られている。おそらく、当初は一介の地方神、砂漠の暴風神に過ぎなかったヤハウェは、ユダヤ民族がこうむった過酷な運命のなかで民族統合の象徴としての必要性から、次第にその地位を上げていき、ついには全宇宙を創造した唯一神とされるに至った。至高者たる唯一神を奉ずる民族としての強烈な選民意識によって民心を束ね、過酷な生存条件のもとで民族的アイデンティティを保つための装置として、ヤハウェは有効に機能したのである。

　それゆえに、ヤハウェはいきおい、峻烈な砂漠の神、戦神の性格を帯びることになる。『イザヤ書』のヤハウェは言う、「私が主、他にはいない。光を造り、闇を創造し、平和をもたらし、災いを創造する者」。そして実際、彼はその言葉どおりに、否、その言葉以上に非道で無慈悲で理不尽である。『旧約聖書』には、この全能の神が引き起こした悲惨な事例が枚挙にいとまのないほど登場する。

　すなわち、かつて悪の源は悪魔ではなく、神だったのである。神ヤハウェは同時に善なる面と悪なる面の両方を兼ね備えた存在——神にして悪魔だったのだ。ヤハウェを唯一絶対神とし、にもかかわらずこの世に厳然として悪が存在する以上、その悪もまた神に由来することは論理的に必然の帰結である。

　たとえば『サムエル記上』第16章ほかでは、ユダヤの王サウルが「主から来る悪霊」にさいなまれる。『サムエル記下』では、いきなりなんの脈絡もなくヤハウェはイスラエルに対して怒りを燃え上がらせ、ダビデを唆してイスラエルとユダの人口を数えさせる。そしてのちにその罰として民衆の間に疫病を流行らせ、7万人

の命を奪うのだ。
　主の命を受けてこれらの実行にあたるのは、「闇の天使」と呼ばれる天使である。これは実際には善悪両面を兼ね備えた存在であるヤハウェの「暗黒面」の擬人化といえるだろう。
　ゆえにここには、悪魔サタンの影はない。少なくとも、キリスト教でいうような、神に敵対する絶対悪、悪の根本原理としての魔王サタンは存在していない。

サタン＝悪魔の誕生

　そもそも「サタン」という語自体、元来は特定の悪魔を指す固有名詞ですらなく、「敵対する者・妨げる者」を意味する普通名詞に過ぎなかった。たとえば『民数記』第22章には、異邦人の占い師であるバラムがヤハウェの言葉を受けてモアブへ向かったとき、「彼が出発すると、神の怒りが燃え上がった。主の御使いは彼を妨げる者となって、道に立ちふさがった」とある。そもそもバラムの出発を許したのはほかならぬヤハウェであるのに、なぜそのとおりにすると「神の怒りが燃え上が」るのか不明であるが、この「彼を妨げる者」にあたるのが原語では「サタン」なのである。すなわちこの時点では、サタンなる固有名を持つ天使は存在していない。
　のちの『ヨブ記』では、サタンにはすでに1つの人格が付与されている。『ヨブ記』においては、サタンは神の許可を得て、義人ヨブの信仰心を試すために彼にさまざまな災いを下す。物語のなかで、サタンは自由に地上を歩き回ったり、あるいは天上の神の議会でヤハウェと親しげに談合したりしている。すなわちここには、のちにみられるように天から落とされて地獄に閉じこめられたとか、神と対立する大いなる敵であるとかいう観念はまったくみられない。彼はあくまでも神のしもべであり、神の職能の一部を代行しているに過ぎないのである。だが、サタンに1個の人格が与えられたという点で、これは神という善悪両面の存在から、悪魔という暗黒面が分離する、1つの兆しとみなせよう。
　やがてユダヤの悪魔観に決定的な変化が生じるときがくる。おそ

らくは紀元前6世紀のバビロン捕囚期に、彼らはペルシアの二元論と接触する。彼らのなかに、神と根本的に敵対する存在、悪の根本原理としての悪魔という観念が根づいたのである。かくして神のしもべサタンは、神の最大の敵となった。言い換えるなら、かつてのヤハウェの一部、ヤハウェの暗い側面が、そのままサタンなる新たな神に移譲されたのである。この転換をなしとげたのが、ユダヤの黙示思想家たちであった。彼らは『ダニエル書』から《死海文書》（1940年代から50年代にかけて、死海西岸にあるクムランなどの洞窟群より発見された古文書の総称）、そして外典『エノク書』へと至るユダヤの黙示文学（紀元前2世紀から後1世紀ころの後期ユダヤ教や初期キリスト教で発達した宗教文学。啓示文学ともいう）の系譜において、特異な悪魔論を構築していった。

　バビロン捕囚期、およびそれ以後のイスラエルはほとんど常に異国の占領下にあり、民衆の生活は艱難をきわめていた。何ゆえに苦しむのか。それは民が神との契約をないがしろにし、神意に背き、異教の神々を崇拝したためである。そのような説明がもはや通用しなくなってしまったのだ。なぜなら実際にこの世においては悪が栄えている。人々が神を正しく崇拝し、律法を遵守し、悪行を悔い改め、義をおこなったとしても、依然として義人は苦しみ、悪は世に蔓延っているのだ。

　この状況に対する合理的な説明は1つしかない。すなわち、この世は悪魔の支配下にあるのだ。

　ここにおいて「悪」はたんなる人間の不法、非道、堕落であることを超え、宇宙を2分する巨大な闘争となる。この宇宙は善と悪とが互いの存亡を賭けて闘争を繰り広げる戦場なのであり、しかも現在のところ、その戦況はこの地上においては悪の側が圧倒的に優勢なのだ。ゆえに悪魔の側に立つ者は栄え、神の側にある者、正しき信仰を持つ者、律法を遵守する義人は病み、苦しみ、奪われ、さいなまれ、そして虐殺される。

　だが、だからといって神を見限り、悪魔の側に寝返ってこの世の歓びを貪ることは許されない。なぜならいずれにせよ、宇宙の創造主が神であることは揺るがぬ真理だからである。今現在、神は人

間には不可知な理由によってこの世の支配を悪魔に委ねている。だがいずれ、そのような不正が正され、正しき者が雪辱されるときがくる。そのときこそ悪は滅び、神の民による至福の世界が到来するのだ。

では、それはいつ起こるのか。いつ、この世は悪魔の支配を脱し、神は義人に報いて下さるのか。もう間もなくである。数ある黙示思想家のなかでも、もっとも有名な人物はこう断言する。

「時は満ち、神の国は近づいた」

「はっきり言っておく。これらのことがみな起こるまでは、この時代は決して滅びない」

『マルコによる福音書』にあるこれらの言葉は、イエス自身、自分がまだ生きているうちに世の終わりがくることを期待していたことを示している。ここで用いられる「この時代」という言葉は「この世代」の意味であり、彼の真意は、彼と同世代の者が死に絶える前に世の終わりがくるということなのだ。

悪魔祓い師・イエスとキリスト教

イエスは、悪魔祓いの達人でもあった。神自身が悪の源泉であった『旧約聖書』には、神と対立する存在としての悪魔は登場しない。一方『新約聖書』の福音書では、イエスが直接、もしくはイエスの名によって他者が間接的に悪魔祓いをおこなう事例が52例もある。そこでは悪魔は「穢れた霊」と呼ばれている。すなわちこれらはいまだ、あらゆる宗教、あらゆる文化に普遍的にみられる悪霊の憑依現象である。だが黙示思想家イエスにとっては、悪魔祓いは他の宗教や文化のような、たんなる個別の病気の治療行為という範疇をはるかに超えて、宇宙論的な意味合いを担っていたのだ。イエスによる悪魔祓いは、宇宙の覇権を賭けて争う神と悪魔という2大勢力の闘争に自ら参加し、神の側に立って戦うことを意味したのである。この壮大崇高な理念こそ、他の文化圏とキリスト教文化圏における悪魔祓いの、もっとも顕著な懸隔なのだ。

だが、イエスの世代が過ぎ去り、次の世代、またその次の世代が

過ぎ去っても、終末は到来しなかった。以後キリスト教は、イエス自身が断言した「もうすぐ」をひたすら待ちわびながら、教義を現実にすり合わせる作業に汲々(きゅうきゅう)とすることとなる。この過程でたとえば、悪魔の支配する現世と、その現世が滅びたのちに出現する至福の新世界という時間的・歴史的二元論は、人間が死後に向かう天国と地獄という空間的二元論へと転換された。『旧約聖書』的観念では、死者は「冥府(シェオル)」と呼ばれる曖昧な世界で、影のような存在として覚醒と睡眠の中間のような状態にある。だが黙示思想以後、悪人と悪魔の刑罰と監禁の場としての地獄という観念が発達していくのだ。

同時に、悪魔および悪魔祓いに関する概念も、キリスト教独自の発展をとげる。中東世界の異教やユダヤ教に由来するさまざまな悪霊がサタンを頂点とする1つの軍団にまとめられ、これに対抗しうるのはキリスト教のみであると喧伝(けんでん)されるのである。2世紀の殉教者ユスティノスは言う、

「我らがキリスト教徒の多くが、世界中で、そしてローマの街で、イエス・キリストの御名において無数の悪霊を祓ってきた…その者たちは、キリスト教徒以外のすべての祓魔師(ふつましし)や、呪師、薬師にも癒せなかった人々である」

サタンが元来神の宮廷に仕えていたように、悪魔が元天使であることはすでに『エノク書』に記されているが、5世紀の偽ディオニュシオス・アレオパギタが『天上階序論』によって天使の9階級を案出すると、悪魔もこれにならい、サタンを筆頭とする悪魔の階級の体系がつくり上げられた。また一部の悪魔学者は、悪魔の総数を計算することに血道を上げた。たとえばフランチェスコ会士アルフォンスス・デ・スピナは1459年の『信仰の砦』において悪魔を10種類に分類し、さらに元来の天使のうちの3分の1が悪魔になったとして、その数を1億3330万6668人であると弾き出している。こうして時代を下るほどに、精緻(せいち)にして空虚な悪魔学の体系が組み上げられていったのである。

成立当初の悪魔祓いの形式は、主として連禱(れんとう)(リタニアともいう。カトリック教会で、司式者と会衆との応答形式による連続した

祈り)、祈り、憑依された寄主(よりぬし)への「按手(あんしゅ)」(人の頭上に手をおきその人に聖霊の力が与えられるよう祈るキリスト教の儀式)のみという簡素なものであったが、悪魔学の進展とともに、悪魔祓いもまた同様に複雑化していく。なかでも16世紀の神学者ヒエロニムス・メングス(ジェロラモ・メンギ)は、悪魔憑依の多数の実例と7種類に及ぶ悪魔祓いの儀式を収録した祓魔師のための手引書『悪魔の笞──恐るべき悪魔祓い、その権能と効験(こうけん)』(1582年)を上梓した。彼の書はのちの悪魔学者たちに大きな影響を与えることとなる。1626年には1232ページに及ぶ『祓魔法典』に収録され、最終的には『ローマ教会典礼定式書(てんれいていしきしょ)』に結実するのである。

21世紀を迎えた今なお、カトリックは多数の専門の祓魔師を抱えている。イエスが待ち望んだ終末はいまだ来らず、世は依然として「この世の君」＝悪魔の支配下にある。

聖書のなかの悪魔祓い

神の命を受けたモーセに率いられ、エジプトを脱出したイスラエルの民は、神の命令どおりに「約束の地」に入り、虐殺に次ぐ虐殺を重ねて先住民を駆逐し、この豊饒の地に定住する。しばらくの間、彼らは個々の部族の連合体であったが、やがて民が1人の王をいただくことを欲したため、士師(しし)(ヨシュアの死後、預言者サムエル誕生以前の古代イスラエルの指導者・英雄)サムエルが丈高(たけたか)い美青年のサウルに油をそそぎ、これを王とする。すなわちイスラエル初代の王の誕生である。

このサウルに対してイスラエルの神は命ずる。

「イスラエルがエジプトから上って来る道でアマレクが仕掛けて妨害した行為を、私は罰することにした。行け。アマレクを討ち、アマレクに属するものは一切、滅ぼし尽くせ。男も女も、子供も乳飲み子も、牛も羊も、駱駝(らくだ)も驢馬(ろば)も打ち殺せ。容赦してはならない」(『サムエル記上』、以下同)

サウルは命令どおりアマレク人を討つが、神の命に反してアマレク人の王アガグを殺さずに生け捕りとし、また牛や羊の最上のもの

も殺さずに略取した。

ヤハウェは激怒した。

「私はサウルを王に立てたことを悔やむ。彼は私に背を向け、私の命令を果たさない」

こうしてヤハウェは、サウルに代わる王としてダビデに白羽の矢を立てる。そのため「主の霊はサウルから離れ、主から来る悪霊が彼をさいなむようになった」。前項で述べたように、『旧約聖書』における悪の根源は神ヤハウェである。そこでは「悪霊」すら、ヤハウェによって送り込まれるのだ。

この悪霊にさんざん悩まされたサウルは、竪琴(たてごと)の名手として知られたダビデを呼び寄せる。悪霊がサウルを襲う度に、かたわらで竪琴(かな)を奏でさせ、気分を良くしようというのである。つまりストレスによる精神疾患に対する音楽療法である。これは奏功(そうこう)し、「神の霊がサウルを襲うたびに、ダビデが傍らで竪琴を奏でると、サウルは心が安まって気分が良くなり、悪霊は彼を離れた」。

だがその後、ダビデが戦争で武勲を挙げて民の人気を博すると、サウルはこれを妬むようになった。

「次の日、神からの悪霊が激しくサウルに降り、家の中で彼をものに取り憑かれた状態に陥れた。ダビデは傍らでいつものように竪琴を奏でていた。サウルは、槍を手にしていたが、ダビデを壁に突き刺そうとして、その槍を振りかざした。ダビデは二度とも、身をかわした」

このようなことが何度かあったのち、ついにダビデは逃亡する。サウルは自ら彼を追うが、「彼の上にも神の霊が降り、彼は預言する状態になったまま、ラマのナヨトまで歩き続けた。彼は着物を脱ぎ捨て、預言する状態になったまま、その日は一昼夜、サムエルの前に裸のままで倒れていた」。

まさしく精神疾患である。このような発作に繰り返し襲われつつ、ダビデと確執を繰り広げたサウルは、最終的には敵であるペリシテ人の手に落ち、自ら命を絶つこととなった。

このように、『旧約聖書』においては神こそが悪の源泉なのであり、ひと度神に逆らった者はもはや対抗する術を持たない。悪霊を

送るのが神であるならば、いかにしてそれを「祓う」ことなどできようか。ゆえにダビデも、ここではただ竪琴を奏で、哀れなサウルを慰めることしかできないのである。

　一方、『新約聖書』の時代となると、状況は一変する。「イエスは言われた。『私は、サタンが稲妻のように天から落ちるのを見ていた』」。つまりイエスは、サタンの堕天(だてん)をその目で見たと言うのである。『ルカによる福音書』のこの1節は、まさにイエスの時代に、悪魔王としてのサタンが地上に降臨したことを示している。そしてイエスにとっての悪魔との戦いは、全宇宙を覆う巨大な闘争への参加にほかならない。それを人々の前で演じて見せることは、何よりも、この時代の終焉と、新たな時代の到来を示す手段だったのである。「私が神の霊で悪霊を追い出しているのであれば、神の国はあなたたちのところに来ているのだ」(『マタイによる福音書』)。

　サタンはまず、ヨルダン川で洗礼を受けたばかりのイエスを荒野で誘惑する。

　「イエスは悪魔から誘惑を受けるため、〈霊〉に導かれて荒れ野に行かれた。そして四十日間、昼も夜も断食した後、空腹を覚えられた。すると、誘惑する者が来て、イエスに言った。『神の子なら、これらの石がパンになるように命じたらどうだ』。イエスはお答えになった、『〈人はパンだけで生きるものではない。神の口から出る一つ一つの言葉で生きる〉と書いてある』。

　次に、悪魔はイエスを聖なる都に連れて行き、神殿の屋根の端に立たせて、言った。『神の子なら、飛び降りたらどうだ。〈神があなたのために天使たちに命じると、あなたの足が石に打ち当たることのないように、天使たちは手であなたを支える〉と書いてある』。

　イエスは、『〈あなたの神である主を試してはならない〉とも書いてある』と言われた。更に、悪魔はイエスを非常に高い山に連れて行き、世のすべての国々とその繁栄ぶりを見せて、『もし、ひれ伏して私を拝むなら、これをみんな与えよう』と言った。すると、イエスは言われた。『退け、サタン。〈あなたの神である主を拝み、ただ主に仕えよ〉と書いてある』。そこで、悪魔は離れ去った」(『マタイによる福音書』)

おそらく、これが『新約聖書』における最初の「悪魔祓い」の事例である。そしてここではイエスは、神の子としての《霊力》を用いず、ただ問答のみによってサタンを退けている。問答の伝統はキリスト教の悪魔祓いのなかに採り入れられていく。
　以後、イエスはさまざまな悪霊祓いをおこなうが、なかでも有名なのは、ゲラサ（あるいはガダラ）の豚の話であろう。
　「一行は、湖の向こう岸にあるゲラサ人の地方に着いた。イエスが舟から上がられるとすぐに、汚れた霊に取りつかれた人が墓場からやって来た。この人は墓場を住まいとしており、もはや誰も、鎖を用いてさえ繋ぎとめておくことはできなかった。……彼は昼も夜も墓場や山で叫んだり、石で自分を打ちたたいたりしていた。……そこで、イエスが、『名は何というのか』とお尋ねになると、『名はレギオン。大勢だから』と言った」
　ここで悪霊が「大勢だから」という理由で名乗る「レギオン」とは、通常6000人からなるローマの軍団を意味する言葉である。当時、ローマ帝国の圧制下におかれていたユダヤの民衆の呪詛(じゅそ)が込められた名称というべきだろう。
　「ところで、その辺りの山で豚の大群が餌を漁っていた。汚れた霊どもはイエスに、『豚の中に送り込み、乗り移らせてくれ』と願った。イエスがお許しになったので、汚れた霊どもは出て、豚の中に入った。すると、二千匹ほどの豚の群れが崖を下って湖になだれ込み、湖の中で次々と溺れ死んだ」（『マルコによる福音書』）
　このイエスによる悪霊祓いの結末が、映画『エクソシスト』のラストシーンのヒントになっているであろうことは、想像に難くない。また、このイエスの悪霊祓いの能力は、そのまま弟子たちに移譲されたことになっている。
　「十二人を呼び寄せ、二人ずつ組にして遣わすことにされた。その際、汚れた霊に対する権能を授け……十二人は出かけて行って、悔い改めさせるために宣教した。そして、多くの悪霊を追い出し、油を塗って多くの病人を癒(いや)した」（『マルコによる福音書』）
　福音書にあるこのような記述が、初期キリスト教会による悪魔祓いの実践に直接に結びついている。むろん、精神疾患・神経性疾患

に対する暗示療法としての悪霊祓いは当時の世界においては普遍的であり、キリスト教以外の呪術師や祈禱師もこれをおこなっていたが、唯一聖霊の力をもってこれをおこなうのはキリスト教だけである、と彼らは喧伝したのだ。そして初期キリスト教の布教において、この悪魔祓いの効験は絶大な威力を持っていた。

　一方、『聖書』には、悪魔祓いに関して、初期キリスト教特有のおおらかさを物語るエピソードもある。イエスの名とその霊験が知られるようになると、イエスとは無関係の者までが、一種の強力な呪文としてイエスの名を用いるようになったらしいのだ。その現場を見たイエスの弟子のヨハネは言う。

「先生、お名前を使って悪霊を追い出している者を見ましたが、私たちに従わないので、やめさせようとしました」

　興味深いのは、これに対するイエスの答えである。

「やめさせてはならない。私の名を使って奇跡を行い、そのすぐ後で、私の悪口は言えまい。私たちに逆らわない者は、私たちの味方なのである」

　のちのキリスト教会が、教義上のささいな違いから異端審問という内ゲバの泥沼に嵌り込んでいくことになるのと比して、じつに寛容、かつ実際的なイエスの対応ではある。

魔術師と悪魔

　キリスト教会が、悪魔を至高なる神ヤハウェの宇宙論的な敵と定義し、悪魔およびこれに与する人間（異教徒、異端者）の殲滅こそ地上に神の国をもたらす方途であると信じたのに対して、同じキリスト教世界のなかに、これとかなり異なる悪魔観を持つ人々がいた。キリスト教よりも古い、そしてキリスト教によって闇に葬り去られた太古の叡智を持つと称する人々――魔術師である。彼らにとって悪魔とは、ただこれを恐れ、祓うだけの存在ではなく、むしろこれを積極的に召喚し、自らの手で使役すべき存在であった。

　15世紀から18世紀にかけて、そうした魔術師たちの叡智が、「魔術書」と呼ばれる文書の形で登場するようになる。このような魔術

書はほとんどの場合、それが世に出た時代よりもはるかに古い起源を主張しており、多くのものが『旧約聖書』に登場する伝説の賢王ソロモンの名を冠していた。伝承によれば、この王は「ソロモンの指輪」と呼ばれる呪具の力によって悪魔を自在に使役し、のちにイエス・キリストのたとえ話の典拠となるほどの栄耀栄華をきわめたという。

　ヨーロッパの魔術書のなかでもっとも巷間に流布したものは、『ソロモンの鍵』と呼ばれる書物である。同書が刊本として世に出たのは17世紀のことだが、一説によれば14世紀の写本も存在するという。また、紀元1世紀の歴史家フラウィウス・ヨセフスも、ソロモンの名を冠する魔術書に言及している。このようなことからすると、こうした魔術書の起源が我々の想像以上に古いということもありえないわけではない。

　『ソロモンの鍵』はある意味、悪魔召喚の実践マニュアルとでもいうべきもので、個々の目的別に、儀式をおこなうべきときと場所、祈りと呪文、しかるべき準備（断食など）、魔術道具と護符の製作と聖別法、魔法円の作図法などがこと細かに記されている。ここで召喚されるのは7つの惑星をつかさどる霊であり、魔術師のいう「悪魔」と、古代の異教的宇宙論の惑星神との類縁性もみて取れる。

　だが、こうした複雑な術式によって召喚される「悪魔」とはなんなのだろうか。

　現代の魔術師たちの1つの解釈によれば、悪魔とは、少なくとも魔術によって召喚される悪魔とは、外的・個体的存在ではない。むしろそれは魔術師の人格を構成する要素の一部であり、欲望や嫉妬、怒りなど、通常は抑圧されがちな自らの暗黒面なのであるという。儀式によって悪魔を召喚するとは、実際には魔術師自身のなかのそうした要素を外在化し、観察し、理解することによって、これを「支配」することをいうのである。すなわち悪魔召喚とは、魔術師の人格統合のための心理操作の技術なのだ。

　逆に、召喚した悪魔、すなわち自らの暗黒面の力があまりに強く、それに飲み込まれてしまうなら、人格が統合されるどころか、

かえって魔術師の精神は甚だしい危険に陥ることとなる。キリスト教でいう「悪魔憑き」のような状態になってしまう恐れもある。

このようにしてみると、ある意味ではキリスト教の悪魔祓いは、魔術における悪魔召喚と同じものを、逆の位相からみたものであるといえるかもしれない。

聖アントニウスと悪魔

「修道士の父」と称せられる隠修士・聖アントニウスは、紀元251年ころ、中部エジプトのコマという街の裕福な家庭に生まれた。20歳のとき、『マタイによる福音書』の「もし完全になりたいのなら、行って持ち物を売り払い、貧しい人々に施しなさい」という1節を聞いて、即座に全財産を売り払い、砂漠の洞窟で修道生活に入った。以後、悪魔は彼に狙いを定め、数限りない攻撃を彼に仕掛けることとなる。

たとえばあるとき、アントニウスが墓穴で寝ていると、悪魔の大群が出現し、彼をさんざん殴りつけ、引きずりまわした。その傷の痛みのためにぐったりする彼を見て、下男は彼が死んだものと思って、彼を担いで連れて帰った。友人たちも集まって嘆き悲しんでいたが、やがてそのうちにアントニウスは目を覚し、再び悪魔との戦いを決意する。

もう1度下男に担がれてくだんの洞窟へ戻ったアントニウスだが、傷は思いのほか深かった。だが気力を振り絞って悪魔たちに呼び掛けると、悪魔たちはさまざまな見るも恐ろしい動物の形をしてあらわれ、またしても角や歯や爪で彼を引き裂いた。

だがそのとき、突然一条の光が射し、悪魔たちは我勝ちに退散した。いうまでもないが、これはキリストの光である。光を浴びたアントニウスの傷はすっかり癒えた。そこでアントニウスは、「主よ、最初の時はここに来て下さいませんでしたし、私を助けても下さらなければ、傷を治しても下さいませんでしたが、どこにおられたのですか」とたずねた。するとキリストは、「アントニウスよ、私はあなたの傍にいた。しかし、あなたの戦いぶりをぜひ見たい気がし

たのである」と答えたという。

　また、別の機会にアントニウスが目撃した悪魔ははるかに強大だった。彼が見た「頭が雲に届くほど長身の不気味な男」は、「翼で天に昇ろうとする者たちを両手を広げて阻止していた」のである。

　以上2つのエピソードは13世紀に執筆された聖人伝『黄金伝説』に基づいているが、同書の典拠ともなった最初の聖アントニウス伝は、アントニウス自身と親交のあったアレクサンドリア主教アタナシウスの手になるものである。アタナシウスによれば、この世界は古来、事実上悪魔の支配下にあったが、キリストの受肉と犠牲によって、人間の魂に救済の道が開かれた。だが、死者の霊が天界を目指して上昇するとき、もしもその人物が生前に罪を犯していれば、その途上で悪魔に道を遮られることとなる。生前の罪は悪魔に対する負債となり、死後の霊は苦しんでそれを支払わねばならない。だがこれは見方を変えれば、悪魔もまた神による救済のプログラムの一部として取り込まれているということである。同様の思想は、1000年後のマルティン・ルターのなかに、より先鋭化した形で見出せよう。

　アントニウスは、悪魔を祓う際にこれに向かって息を吹き掛けるという方法を採っていた。これは悪魔を恐れぬ堅固な信仰を表明する態度であると同時に、神がアダムを創造した際にその鼻に「命の息」を吹き込んだことの模倣であり、一種の類感呪術（imitative magicの訳。「模倣呪術」ともいう。似た目的のために結果の明らかな類例を模倣することで達成できるという呪術）とみなしうる。ほかならぬイエス自身も、眼病の治療のために呪術を用いたという記述が福音書にあり、当時はまだ聖人による悪魔祓いと土着呪術が厳密には区別されていなかったことが分かる。

ルターと悪魔

　宗教改革の創始者として知られる16世紀ドイツの修道士マルティン・ルター（1483〜1546）。彼の神学的・個人的関心の中心には常に悪魔があった。その意味では彼は、聖アントニウスをはじめと

第1章　エクソシスト

する砂漠の教父たちの直系ということができる。

　激しい上昇志向を持つ父のもとで厳格に育てられた彼は、物心ついたころから常に自分はサタンに目をつけられているという恐怖を拭い去ることができなかった。1505年、エルフルト大学で法学を学んでいたとき、シュトッテルンハイムで激しい雷雨に遭（あ）い、目の前に落雷を受ける。これをサタンによる攻撃と確信した彼は、「聖アンナ、助けて下さい、修道士になりますから」と誓願する（『ヴァイマル版著作集』18。以下引用は同）。これによって聖アウグスティノ修道会に入ったものの、修道院においてすら、1人になると必ず周囲に悪魔の気配を感じていた。サタンは常にルターの魂を手に入れんものと虎視眈々（こしたんたん）とし、ルターの妻である「カタリナよりも頻繁にルターに添い寝した」という。

　実際、悪魔はしばしば彼の目の前にあらわれて論争を挑んだ。「おまえは大罪人だ」と、悪魔はしばしば彼を罵倒（ばとう）した。ルターはそれに有効な反論を加えることができなかった。彼はただ、こう言うしかなかった、「もっと真新しいことは言えないのか、サタンめ！」。

　また悪魔は、蛇や星の姿でルターの前にあらわれたり、豚のような声を立てたり、悪臭を振りまいたりした。あるときなどは、悪魔はなんとルターの腸のなかに入り込み、彼をひどい便秘にして苦しめたという。

　ことに、彼がザクセンのヴァルトブルク城に保護されていた際に出現した悪魔のエピソードは巷間知られている。この悪魔は、ルターの目の前でポルターガイスト現象を起こし、木の実を屋根に落としたり、階段から樽を転がしたりした。そこでルターは、手近にあったインク壺をこの悪魔の頭めがけて投げつけた。このときのインクの染みは、今なおヴァルトブルク城の壁に見ることができる。

　ルターはまた、悪魔に取り憑かれた学生ヨーハン・ショラーギンハウフェンの悪魔祓いを自らの手で挙行している。彼によれば、イエスの受肉以来、サタンの権力は確実に弱められつつある。ゆえにわれわれは悪魔をいたずらに恐れたり、ましてやその軍門に下るのではなく、むしろこれを侮蔑し、嘲笑し、笑い飛ばすことが肝要な

のだ。彼は冗談めかしてこう述べている。「悪魔との最善の戦いを私はベッドの中でケーテ〔カタリナの愛称〕の傍らで行った」。つまり、愛する伴侶との営みもまた、悪魔に対する有力な防御手段となりうるというのだ。

　だが、真の意味で人間が悪魔に完全に打ち勝つにはどうすればよいのか。ルターによれば、そのためには神の前で義とされるしかない。だがいかに修道の誓いを立てて、善行に励んだとしても、人間はそうした個人的努力によって義とされることはない、とルターはいう。なぜなら人間を義とするのは絶対的全能者である神のみだからである。このように義の問題に苦悩し続けたルターは、「塔の体験」と呼ばれる神秘体験を経て、人は神の恩寵によってのみ義とされるという啓明をえる。こうして彼はただ『聖書』のみに依拠する神学を打ち立てたのだった。

　ルターはいう、「悪魔はこの世と同じくらい大きく、この世と同じくらい広い。悪魔の身体は天から地獄にまで達する」。だが、「悪魔は神の善が許す以上の権力は髪の毛一筋ほども我々に対して持ってはいない」。

　『旧約聖書』の神は善であると同時に悪でもある。だがルターによれば、そのように考えてしまうのは人間の理性というものの限界にほかならない。小賢しい人間の理性などで無限の存在たる神を理解しようとするがゆえに、神が恐ろしく残忍な存在にみえてしまうのである。たしかに万物は神に由来するのだから、悪も悪魔もまた神に由来する。だがここでルターは、かつての黙示思想家たちが陥った擬似的な二元論に傾くことを潔しとしない。黙示思想家は神の暗黒面を「サタン」として人格化することでこれを神から分離させ、一神論の教義に矛盾を生じせしめたが、これに対してルターは、神が悪の源のようにみえるのは我々自身の理性の限界に過ぎない、と喝破する。我々の狭量な理性には、善なる神の意図が理解できないのだ。

　たとえば我々は、地上における悪人の活動の背後に悪魔の暗躍をみるが、その悪魔の跳梁を許しているのはほかならぬ神である。この矛盾についてルターはいう、「神が悪人において、また悪人を

通して活動する時、神には、悪が為されるようにすることはできても、悪事を為すことはできないことが判る。神自身は善であって悪事を為すことはできないから悪人を通して悪を行うのであるが、そうはいっても悪人を道具として利用するのである」。

つまり彼は、悪魔をたんなる神の「道具」にしてしまうことで、黙示思想家たちが陥った矛盾を回避し、神の絶対的な善性を護持したのである。そして限界ある人間の理性は、神の恩寵を受けることによってのみ、真実に到達することができると説くのだ。

言い換えれば、この世に悪が、悪魔が存在するのは、我々1人1人がそれと戦うことを神が欲するからである。ルターの世界観によれば、この世も、そして我々1人1人の心のなかも、神と悪魔の宇宙的な闘争が日々繰り広げられている戦場なのだ。

神の恩寵を絶対視するルターにとって、1513年の教皇レオ10世（1475～1521）による贖宥状（免罪符）販売の布告は、とうてい許すべからざる愚行であった。1517年、彼は95か条の論題によってこれに疑義を表する。これが発端となり、ついに教会は前代未聞の大分裂を迎えることとなる。ルターとそれに続く改革派たちが旗挙げした「プロテスタント教会」は、やがてカトリックを破門し、教皇を反キリストと呼ぶに至る。

生涯をかけて神の真実を求め、悪魔と戦ったルターは、その結果、期せずして地上における神の肉体とされていたローマ・カトリック教会こそが悪魔であると結論した。そして彼の教えを奉ずるプロテスタント諸国は、悪魔に対する聖戦を標榜する宗教戦争というハルマゲドンに突入していくのである。

異端審問、魔女狩り

12世紀から13世紀にかけて、ローマ・カトリック教会の腐敗堕落は極限に達していた。そして腐敗は、それが進行するほどに、浄化を求めるものである。当時のヨーロッパでもっとも文明の進んだ地方、たとえば南フランスや中央フランスの豊かな都市には、カトリックに代わる新たなキリスト教が台頭していた。彼らはキリスト

教本来の清貧主義に立ち返り、世俗の富や権力を嫌悪し、極度に禁欲的な戒律を遵守したがゆえに、「清浄なる者」を意味する「カタリ派」と呼ばれた。カタリ派の僧侶はその清貧と霊性の高さゆえに人々の尊崇を集め、社会的に大きな力を持つようになった。先進地域の貴族たちはこぞってカタリ派に帰依し、またその僧侶たちを保護した。

　カトリックにとっては、由々しき事態であった。教会の腐敗はすでに白日の下に曝け出されている。そしてカタリ派は、自ら「真のキリスト教」を名乗り、勢力を伸している。このままではカトリックの屋台骨が揺らぐ恐れがある。かくして1208年、教皇インノケンティウス3世（1161〜1216）はカタリ派討伐のために南フランスに大軍を派遣した。アルビジョワ十字軍（1208〜1229年）である。十字軍は殲滅戦をもってのぞみ、数十年に及ぶ激戦の末に、南フランスに花開いていた先進文化は壊滅した。

　この異端討伐戦の渦中に、異端審問は創設された。これは軍による討伐を免れた異端者を狩り立て、殺し、その財産を没収することを目的とする機関である。密告が奨励され、拷問が採用されることによって、ひと度審問所に喚問された者が死を免れる可能性はほとんどなかった。異端審問においては、被告人が自らの無罪を証明しない限り、これは有罪であり、そして信仰という心の問題を証明する術などはじめからなかったからである。

　キリスト教における異端者は、たんに「異なる思想を信奉する人」ではない。宇宙を2分しておこなわれる善悪の闘争における、不倶戴天の敵なのである。神の宮廷の一員であった天使サタンが悪魔となったごとく、キリスト教徒を自称しながら正統教会の教えに反する者は、外部の敵である異教徒よりもさらに悪質な「内なる敵」である。異端の罪とは神に対する反逆であるがゆえに、世俗の君主に対する反逆よりもはるかに重罪であり、いかなる弾圧手段も正当化できたのである。

　異端者の財産の没収は、異端審問を遂行するうえでの原動力となった。告発さえすれば、その正否にかかわらず、被告人は殺され、その財産はそっくり教会や権力者、または審問官のものとなる。財

産没収の手口は徹底をきわめ、1世紀ほどの間に、「裕福な異端者」はすべて消費されてしまった。カタリ派をはじめとする異端は地上から根絶され、それゆえに審問所の財源は枯渇の危機に瀕した。審問所は、自らの存続のために新たな「敵」を発見する必要があった。

こうして、彼らは「魔女」に目をつけた。

すなわち魔女とは、拷問と財産没収という特殊な権力を与えられた異端審問が考案した、机上の異端である。魔女狩りに異端審問の方法が採用された地域、すなわちドイツとフランスでは、何万人という魔女が発見された。それに対して、拷問が許可されず、魔女の財産没収もおこなわれなかったイングランドでは、処刑者の数はドイツやフランスの100分の1に過ぎなかった。

よく誤解されていることだが、「魔女狩り」は「中世」の出来事ではない。異端審問所に魔女を取り締まる権限が与えられたのが1451年。魔女狩りはそれ以後、3世紀にわたって続いた。すなわち、15世紀から18世紀までの、「近世」におこなわれた蛮行なのだ。

魔女は、「魔女術」と呼ばれる術を用いる。夜闇に紛れて空を飛び、悪魔の主宰する「サバト」の宴に参ずる。悪魔の力によって荒天を起こし、飢饉をもたらす。壁を通り抜け、家畜を殺し、「邪眼」（悪意を込めて対象者を睨むことで呪いを掛けることができる）によって隣人に呪いを掛ける。

通常の常識でははかりしれないが、これらはいずれも審問官の頭のなかでつくり上げられ、事実として認定された魔女の「罪状」である。魔女として告発された者はこのような罪状を拷問によって強制的に自供させられる。そして被告人がこれを認めたという事実が、まさしくその罪状が事実であるという証拠となるのだ。こうして罪状のリストは果てしなく拡大していく。

こうした罪状の数々は、合理主義的な現代人の目からみれば、いかにも中世的な、無知蒙昧な迷信にみえる。だが当の中世人にとっても、魔女術などはたんなる夢か妄想に過ぎないと考えられていたのである。魔女狩りの時代よりはるか以前、中世の最中である906年に世に出された教会の規定である『司教法令集』では、魔女や魔女術の実在、その有効性を信ずることは異教の信仰である、と明確

に規定されている。すなわち中世においては、教会自身が魔女の存在を否定していたのだ。これに対して、1486年ころに印刷された異端審問官の手引書『魔女への鉄槌（てっつい）』はいう、「魔女が存在するという信念はカトリック信仰の枢要であり、それを頑固に否定することは異端となる」。ここでは、進歩と啓明を示す時計の針は明らかに逆転している。

　かくして魔女は狩られた。基本的には告発さえされれば何人であれ魔女とされる可能性があったが、特に老人や病人、未亡人などの社会の周縁にいる人々はその危険が高かった。なかでも、いわゆる「悪魔憑き」のような症状を示す者は格好の標的となった。

　「理性の時代」と呼ばれる近代にまで、魔女狩りは続けられた。捕らえられた魔女およびその家族は、裁判の度に裁判官や役人、拷問吏、医者、聖職者、書記、看守、つき添い人などの給料と臨時収入、1回1回の拷問代、裁判官たちの宴会料、牢内の食費、火刑台を建てて薪（まき）を運ぶ人夫の給金に至るまで、すべてを支払っていた。処刑の度に沿道には人が詰めかけ、旅館や物売りは小金を稼いだ。魔女裁判は、人間の命をもって多くの人々を潤す一大産業でもあったのだ。控えめに見積もっても数十万の無辜（むこ）の人間の命を奪い、18世紀になってようやく、魔女狩りは終息した。

　むろん、現在のキリスト教会は、過去における蛮行を反省している。さる高名な祓魔師はいう、「過去において、悪魔祓いを行った司祭は大いなる誤りを犯した。不運にも、彼らは人々を悪魔と見做した。多くの人々が魔女として裁判にかけられ、悪魔に憑かれた者は火刑に処された……本来は悪魔祓いによって救われるべき人々が、悪魔として焼かれたのだ」。

　悪魔との戦いが困難を極めるのは、人間が常に悪魔に虐げられるだけの無垢（むく）な存在ではなく、ときには自らが悪魔以上に邪悪なものともなりうる矛盾に満ちた存在であるという事実によるのであろう。

第1章　エクソシスト

映画『エクソシスト』の衝撃

　悪魔祓い（エクソシズム）、そして祓魔師（エクソシスト）という言葉は、長きにわたって、ことに日本においては、ほとんど死語に近かった。それが一躍巷間知れ渡るようになったきっかけは、1973年のアメリカ映画『エクソシスト』である。『フレンチ・コネクション』でアカデミー監督賞を受賞した名匠ウィリアム・フリードキンが監督を務めたこの作品は、ホラー映画でありながらその完成度と格調の高さで世界の耳目を釘づけにし、その後も続編や亜流作品が次々と制作されるという大ヒットとなった。のちのホラー映画、オカルト映画に与えた影響もはかりしれず、2000年には未公開シーンを含むディレクターズ・カット版DVDが発売され、これも4半世紀前の作品としては異例のロングセラーとなっている。

　物語はまず、マックス・フォン・シドー演ずる考古学者メリン神父が、イラクの遺跡から悪魔パズズの像を発掘するところからはじまる。それは神父にとって因縁浅からぬ敵であった。神父は近い将来、この敵と再び相見えることになると予感する。はたして悪魔は、ほどなくしてアメリカはワシントンに滞在する女優クリスの一人娘リーガンに憑依する。怪物のように変貌し、男の声で卑猥な言葉を喚くリーガンが悪魔に憑依されたと確信したクリスは、若い神父カラスに相談する。当初は悪魔の存在に懐疑的であったカラスだが、救いを求めるリーガンのメッセージを見て、悪魔との戦いを決意する。儀式の主任として経験豊かな祓魔師であるメリン神父が呼ばれた。2人は命を懸けた壮絶な戦いに挑む――。

　この映画の原作はウィリアム・ピーター・ブラッディの同名の小説であるが、同小説は実話に基づいているともいわれる。1949年にアメリカ・メリーランド州で当時13歳の少年が悪魔に憑依を受けたという事件である。映画と同様、この事件の際にもイエズス会から2人の祓魔師が派遣され、6週間に及ぶ悪魔祓いの末に、少年は解放されたという。そのためか、この映画自体、ローマ・カトリックの正式な協力を受けて制作されている。主役となる2人の神父以外に、端役で登場するさらに2人の神父、ウィリアム・オマリーと

第1章　エクソシスト

トマス・バーミンガムは、いずれもローマ・カトリックの司祭であり、あらかじめ脚本を点検したうえで、そこに宗教的意義があると判断したという。バーミンガム神父のほうは、ただ画面に出演したのみならず、映画のテクニカル・アドバイザーをも務めた。1975年、バーミンガム神父は監督のフリードキンとともにヴァティカン放送局のインタヴューに登場、この作品が凡百の恐怖映画とは別次元の、事実に基づくものであることを強調した。

後述する「20世紀最大の祓魔師」カンディド神父（1914～1992）もまた、ヴァティカンを通じて、映画の完成前にその試写を見る機会を与えられた。神父によれば、たしかにこの映画にはいかにも映画的な誇張はあり（たとえば悪魔に取り憑かれた少女の首がぐるりと1回転したり、空中に浮かんだりするなど）、また最後に悪魔が祓魔師に憑依することは神学的にありえないとはしながらも、全体的にはこの映画が祓魔式の真実をありのままに描いたものとして評価していたという。

エクソシストの認知

「悪魔を否定する者はまた、罪を否定し、もはやキリストの御働きを理解しない」

悪魔祓いの第一人者であるガブリエーレ・アモルス神父はいう。この世が全宇宙を2分する神と悪魔の戦場であり、人間の心こそがその最前線であるという認識は、元来黙示思想として誕生したキリスト教の教義の根幹であった。ゆえに悪魔の存在を否定することは、キリストの「御働き」、ひいては神の存在を否定することに繋がりかねない。

カトリックは2000年に及ぶ歴史と、現在も10億以上の信者を抱える巨大な組織である。その長い歴史において、カトリックは常になんらかの危機に直面してきた。マルティン・ルターによるプロテスタントの分離独立や、近代以降の合理主義思想の台頭は、その実例である。そのような危機に直面するたびに、カトリックはその教義を修正し、あるいは解釈を付加することで、これを乗り切ってきた。

そうした歴史のなかで、特に19世紀後半以降、いかにも古代的・中世的な観念である「悪魔」に対する恐怖が薄れはじめた。近代人は、ある意味で牧歌的な「悪魔」などよりもはるかに恐るべき実体的な脅威に取り巻かれていたのである。教会のなかにも、悪魔や悪魔祓いなどを前近代の残滓、恥ずべき迷信とみなす人々が大勢を占めはじめた。神学者でさえ、サタンの存在を否定するようになった。

そんななか、たとえばスペインのカルメル会修道士フランチェスコ・パウラ神父は、1879年、祓魔師の職務を教会の常任奉仕者とするようヴァティカンに嘆願するが、聞き入れられることはなかった。1960年代には、教会の現代化をはかることを目的とする第2ヴァティカン公会議が開かれ、教会典礼の大多数が改訂されたが、『ローマ教会典礼定式』の悪魔祓いに関する部分は棚上げにされた。そして聖職者の正式な位階としての「祓魔師」という地位も廃止されてしまった。

こうした流れを変えることとなったのが、前項で触れた映画『エクソシスト』の全世界的なヒットである。この映画は、人間に仇なす悪魔と呼ばれる霊的存在の実在を、人々の心の奥底に刻み込んだ。アメリカの世論調査によれば、現在もなお6割の人が悪魔や地獄などの存在を信じているという。パウロ6世（1897～1978）やヨハネ・パウロ2世（1920～2005）など、公然と悪魔の存在を認める教皇も次々とあらわれた。

悪魔を信ずる人が増えれば、憑依の事例も増える。必然的に祓魔師の需用も高まるのは当然のことである。現役の祓魔師たちの活動も活発化していった。「20世紀最大の祓魔師」と呼ばれたカンディド・アマンティーニ神父の愛弟子で、古き祓魔師の伝統を継承するガブリエーレ・アモルス神父は、その代表者である。彼は1990年に「国際エクソシスト協会」を発足させた。同協会は2年に1度、イタリアで祓魔師の国際大会を開いている。この協会の発足以後、イタリアの祓魔師の数はそれまでの10倍になったという。

こうした動きに応えて、ついに1999年、『ローマ教会典礼定式書』のなかの悪魔祓いに関する部分が改訂された。この文書は、祓魔師が司教によって任命されることを明言している。

そして2007年、現教皇ベネディクトゥス16世（1927〜）は、各司教が自らの教区内に祓魔式を執行することのできる一定数の司祭をおくことを命じた。祓魔師の職務は今後、さらに重要視されることであろう。

エクソシストの戦闘術

　悪しき霊的存在による憑依現象、およびそれに対する除霊、祓魔の儀礼は、キリスト教だけのものではなく、あらゆる地域や信仰に存在している。だが霊的事象の取り扱いの独占をはかったキリスト教会は、人間に憑依するすべての邪霊を「悪魔」と定義し、個々の憑依現象を、大宇宙を2分する神と悪魔の闘争という壮大な神話の文脈のなかに組み込んだ。

　とはいえ、元来キリスト教においておこなわれていた悪魔祓いの形式はさほど複雑でもなければ、他の宗教における除霊と大きく変るものでもなかった。重視されたのは祈禱と按手であり、しばしばそれだけで術式は完了した。福音書などにみられるイエスやその弟子たちの多くも、ただ悪霊に「命ずる」だけで、これを祓っている。

　だが時代が下るにつれ、祓魔式の形式も整備され、最終的には『ローマ教会典礼定式書』の悪魔祓いの項に結実することになる。

● 『ローマ教会典礼定式書』にみる悪魔祓い

　この式次第は1614年に教皇パウロ5世（1552〜1621）が公布したもので、それからほとんど変わることなく、現在まで用いられている。1999年に若干の改訂が加えられ、精神病と悪魔憑きの混同に対する警告や、悪魔祓いの執行を決定する「最大限の慎重さと注意深さ」が要求されるという勧告などが加えられた。祓魔師のなかには、今も改訂前の伝統的な式次第を用いる者も多い。

　以下、この定式書に基づき、祓魔式の概略をみていこう。

1　悪魔憑きの確認

　まず、祓魔式を求める者が本当に悪魔に憑かれているのか、それとも他の病気や妄想なのかを判断する。その徴候としては、「十字

架、聖水、イエスの御名など聖なる印に怯える」「知らない言語を話す」「常人を超えた力を発揮する」などが挙げられる。

2　儀式の執行

　悪魔憑きが確認されたならば、いよいよ儀式の執行に移る。まず祓魔師はストラ（頸垂帯）の一端を憑かれた者の首に掛ける。その者が暴れるようなら縛りつけ、参集者に聖水を掛ける。そして勤行をはじめる（以下は『ローマ教会典礼定式書』の文章によるが、一部改変・補足しながら分かりやすく紹介する）。

　1、連禱をおこなう。
　2、「神よ、御名によって私を救い、力強い御業によって私を裁いてください。神よ、私の祈りを聞き、この口に上る願いに耳を傾けてください……」と『詩編』第54篇を朗読する。
　3、「邪悪な竜」と戦うこの悪魔祓いについて、神の恩寵を嘆願する誓言および憑かれた者に憑依する霊への勧告をおこなう。
「汝が名、および汝が退去する日付と時間とをなんらかの合図によりて我に示すべし」
　4、『福音書』を朗読する（『ヨハネによる福音書』第1章および／あるいは『マルコによる福音書』第16章、『ルカによる福音書』第10、11章）。
　5、予備的な祈りのあと、祓魔師は自分自身と憑かれた者を十字架の印で防御し、ストラの一部をその首に巻きつけ、右手を患者の頭におき、断固として、また堅い信仰心をもって、以下の文を唱える。
　6、第1の悪魔祓い
「我汝を祓う、汝最も下劣なる霊よ、我らが敵の具現化よ、全き亡霊よ、我その軍勢のすべてを祓う、イエス・キリストの御名によりて（十字を胸で1回切る）これなる神の被造物より出でて去り行くべし（十字を胸で続けて2回切る）。
　神ご自身が汝に命ず、汝らを天の高みより地の淵へと落としたまいける御方。神汝に命ず、海に、風に、嵐に命ずる御方が。

それゆえに、聞きて恐れよ、おお、サタン、信仰の敵よ、人類に仇なす者よ、死を起こし、命を盗み、正義を毀つ者、悪の根源、悪徳を焚きつくる者、人間を誘惑する者、妬みを煽る者、貪欲の源、不調和の因、悲嘆をもたらす者よ。主なるキリストが汝が力を挫きたまうことを知りながら、何ゆえに汝は立ちて逆らうや。彼を恐れよ、イサクとして犠牲となり、ヨセフとして売られ、子羊として屠られ、人間として十字架に掛かり、その後に地獄に打ち勝ちたまいたるかの御方を。

　ゆえに、（十字を胸で1回切る）父と、（十字を胸で1回切る）子と、（十字を胸で1回切る）聖霊の御名において退くべし。聖霊に座を譲るべし。父と聖霊と共に一つの神にして、永遠に、終わりなく生きたまい、世を治めたまう（十字を胸で1回切る）我らが主イエス・キリストの十字の印によりて」

　7、成功のための祈りをおこない、そして憑かれた者のうえに十字の印を切る。

　8、第2の悪魔祓い

「我汝に厳命す、汝年老いたる蛇よ、生ける者と死せる者の裁き手、汝が創造主、世界の創造主、汝を地獄に落としたまいし力もちたまう御方によりて、汝これなる神のしもべ〇〇（憑かれた者の名）より疾く立ち去るべし、さればこの者、汝に恐怖と悲嘆を抱きつつ、教会の懐に戻らん。我再び汝に厳命す（憑かれた者の額のうえで1回十字を切る）、柔弱なる我にあらずして、聖霊の功徳によりて、これなる神のしもべ〇〇（憑かれた者の名）より退くべし、この者は全能なる神が御自らの姿形に似せて創造されたまいしものなれば。

　ゆえに、屈服すべし。我にあらずして、キリストの司祭に屈服すべし。かの御方が御力は汝をやらい、十字架の下に汝を隷属させたまわん。かの御方、地獄の悲嘆の征服されしのちに魂を率いられんかの御方の御腕にて慄えよ。人間が肉体の、汝が恐怖とならんことを（憑かれた者の胸のうえで1回十字を切る）、神が似姿の、汝が恐れとならんことを（憑かれた者の額のうえで1回十字を切る）。逆らうなかれ、この者が肉体を去るに遅るるなかれ。この肉体に住

みたまうをキリストは嘉(よみ)したまいたるがゆえなり。汝、我が罪人たるを知りたるといえども、我を卑(いや)しむべきものとみなすなかれ。

　そは、汝に命じたまうは神なればなり（十字を胸で1回切る）
　キリストが尊厳、汝に命じたまう（十字を胸で1回切る）
　父なる神、汝に命じたまう（十字を胸で1回切る）
　子なる神、汝に命じたまう（十字を胸で1回切る）
　聖霊なる神、汝に命じたまう（十字を胸で1回切る）
　聖十字架、汝に命じたまう（十字を胸で1回切る）。
　聖なる使徒ペテロおよびパウロ、またその他すべての聖者方が信仰、汝に命じたまう（十字を胸で1回切る）。殉教者方が血、汝に命じたまう（十字を胸で1回切る）。
　あらゆる聖者方が信仰深きとりなし、汝に命じたまう（十字を胸で1回切る）。
　キリスト教の秘儀が功徳、汝に命じたまう（十字を胸で1回切る）。
　ゆえに、去り行くべし、汝罪深き者よ。去り行くべし、汝誘惑者よ。欺(あざむ)きと策略に満ちたる者よ。美徳に仇なす者よ。罪なき者の迫害者よ。おお、もっとも恐ろしき者よ。座を空けよ。座を空けよ、汝最も不信心なる者よ。
　キリストに座を譲るべし、この御方こそ、汝が手の決して届かぬ御方、汝よりすべてを取り上げられたる御方、汝が王国を滅ぼされたる御方、汝が所有せるものを召し上げたまい、汝を外なる闇に投げ落とされたる御方。
　そこに汝および汝が司祭がために誂(あつら)えられたるは虚無なり。
　したが、汝、獰猛(どうもう)なる者よ、何ゆえに汝逆らわん。軽率なる者よ、何ゆえに汝否まん。
　汝は神の子、我らが主イエス・キリストに告発されたり。そは汝の誘惑せんとし、十字架に掛けんとした御方なり。
　汝は人類に告発されたり。汝はその説得によりて彼らに死の毒を飲ませたり。
　ゆえに、我汝に厳命す、汝もっとも忌まわしき竜（ドラコ・ネクイスシメ）よ、毒蛇とバジリスクを踏み、獅子と竜を蹂躙(じゅうりん)したる、（十字を胸で1回切る）純

潔の子羊の御名において、これなる者より去り行くべし（憑かれた者の額のうえで1回十字を切る）、神の教会より去り行くべし（十字を参列者に向かって1回切る）。

　我が主の御名を唱うるによりて、慄え逃げ去るべし。そは地獄を揺るがしたまう御方、天の力天使、能天使、主天使を従えたまう御方。智天使と熾天使は不朽の声にてたたえん、聖なるかな、聖なるかな、聖なるかな、万軍の主なる神は、と。

　肉をつくりたる御言葉（十字を胸で1回切る）、汝に命じたまう。処女が胎より生まれたる御方（十字を胸で1回切る）、汝に命じたまう。

　ナザレのイエス、汝に命じたまう。汝その使徒らを憎みたるといえども、汝に行けと命じたまい、汝を挫き、人に屈服させられたまいし御方。その臨在において、汝を人より分けたまいしとき、汝豚の群に入らんとはゆめ思わざりき。

　ゆえに、かの御方（十字を胸で1回切る）の御名によりて厳命されたる今、かの御方のつくられたまいたるこれなる者より離れよ。汝の抵抗は虚しからん。強情に刃向かうは艱難なり（十字を胸で1回切る）。汝の退去の遅からば、汝が罰は多からん。汝が蔑みたるは人にあらずして、生ける者と死せる者の主なる御方、生者と死者と世界を炎にて裁きたまわんがためにのぞまれんかの御方なり」

9、第3の悪魔祓い

「ゆえに、我汝に厳命す、もっとも恥ずべき霊よ、全き亡霊よ、サタンの化身よ、ヨルダン川にての洗礼ののち荒れ野に行きたまい、汝自身が住処にて汝に打ち勝ちたまいたるナザレのイエス・キリスト（十字を胸で1回切る）の御名において、神の栄光をたたえんがために地の塵よりつくられたるこの者をさいなむを止むべし。汝が慄うは惨めなる人の弱さにあらずして、全能なる神の似姿なり。ゆえに、神に屈服せよ。

　かの御方はそのしもべなるモーセをして汝およびファラオーがなかの汝が悪意、またその兵どもを深淵に溺れしめられたり。

　神に屈服せよ、かの御方はそのもっとも忠実なるしもべダビデをして霊の歌にてサウル王より汝を駆逐したまい、走らしめたまえり。

神（十字を胸で1回切る）に屈服せよ。かの御方は反逆者イスカリオテのユダのうちに潜みたる汝に命じたまいき。汝を摂理（十字を胸で1回切る）の答にて打たれたまわんがためなり。

その眼前にて汝が軍団は慄え泣き叫び、汝は言えり、我らにとりて汝は何者ぞ、おおイエスよ、いと高き神の子よ。我らが時代の前に我らを苦しめに来りしや。

彼汝に永遠の炎を押したまい、ときの終わりに邪悪なるものに言いたまわん、退くべし、汝ら呪われたる者よ、永劫なる炎がうちに。そは悪魔とその使いのために誂えられたるものなり。

汝、不信心なる者および汝が使いに誂えられたるは、不死身の蛆なり。

汝および汝が使いに誂えられたるは、永劫なる炎なり。何となれば汝は呪われたる殺人の頭、忌むべき姦淫の胴元、神聖冒瀆の元締め、悪行の主、異端者の師、すべての猥褻の発明者なればなり。

ゆえに、おお不信心なる者よ、立ち去るべし。立ち去るべし、汝不埒なる者よ。汝がすべての欺きを携えて立ち去るべし、神は人間を御自らの神殿と決めたまいければ。

されど、何ゆえに汝かくは遅れ、ここにとどまらんとなすや。

神をたたえよ、全能なる父、万物が膝を屈する御方を。

主イエス・キリスト（十字を胸で1回切る）に座を空けよ、人にそのいとも尊き血をたまわりたる御方に。

聖霊に座を空けよ、祝福されたる使徒ペテロをして、シモン・マグスなる汝を打ちたまいける御方、アナニヤとサッピラなる汝が偽りを暴きたまいける御方、神を讃えざりしヘロデ王なる汝を懲らしたまいける御方、使徒パウロをして魔術師エリマスなる汝を盲目の霧にて倒さしめたまいける御方、またこの同じ聖者をして命令の言葉によりて汝を巫女より駆逐されたまいける御方に。

ゆえに、今こそ立ち去るべし。（十字を胸で1回切る）立ち去るべし、汝誘惑者よ。汝が住処は荒れ野なり、汝が住まいは蛇なり。身を低め、ひれ伏すべし。汝にもはやときはなし。主なる神の素早き歩みを見よ、彼の炎はその御前にて燃え上がり、その御前にありて四方の敵を燃やし尽くさん。

第1章 エクソシスト

　汝人を欺きたりといえども、神を欺くことはかなわじ。
　神は汝を駆逐したまう、その御目の前にては一切の秘密は明かされん。
　神は汝を駆逐したまう、その御力に万物は従わん。
　神は汝を駆逐したまう、汝とその使いがために、永遠の地獄を用意されたまえり。その御口よりは鋭き剣出で、生者、死者、そして世界を火にて裁きにきたまわらん」
　11、最後の祈りをおこなう。

　かつてはこれに加えて、燻蒸や鞭打ちがおこなわれたが、むろん現在では憑かれた者を傷つけるような行為は厳禁されている。

十字を切るときの手の形。

エクソシストの服装&アイテム

祓魔師の服装は、通常の司祭の祭服に準ずるものであり、特に祓魔師専用の衣装があるというわけではない。だが、『ローマ教会典礼定式書』によれば、以下のような服装が定められている。

●スータン（カソック）

黒く長い法衣。「スータン」という語は「下に着るもの」という意味で、中世ヨーロッパで裁判官、医者、教授職らの人々に用いられ、13世紀ころから聖職者の日常衣となった。

●スルプリ（コッタ）

スータンのうえに着ける、半身丈の袖の長い白衣。白い色は清い心の象徴である。

●ストラ（頸垂帯）

　細長い帯状の布。「ストラ」という言葉はギリシア語で十字架を意味する「スタウロス」に由来し、元来は十字架の横木の意味であった。聖職者の位階によって掛け方が異なる。特に祓魔式には紫色のストラが用いられ、儀式の最初にこのストラの一端を患者の首に掛ける。

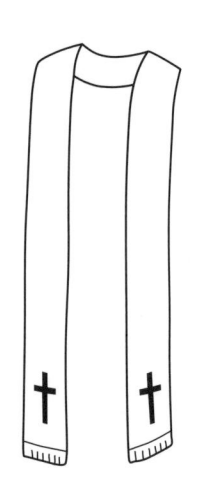

●聖水

　司祭によって祝別（しゅくべつ）（神への奉仕に供するため、聖職者が聖なるものになるように祈ること、または祈られたもの。祝福ともいう）された水。祓魔式のみならず、あらゆる典礼儀式に広く用いられる。霊的なきよめの象徴であり、通常は教会内の入り口のところにおかれている。信者が教会内に入る際には、これを指につけて十字の印を切る。祓魔師によっては、特にマリア出現の地として名高いルルドの泉の水を祝別して用いる場合もある。洗礼や物品の祝別にも用いられるが、特に祓魔師的な使い方としては、悪魔に取り憑かれていると思（おぼ）しき人物の飲み物などにこの聖水を混ぜる。悪魔憑きの場合は、苦くて飲むことができない。

● 灌水器

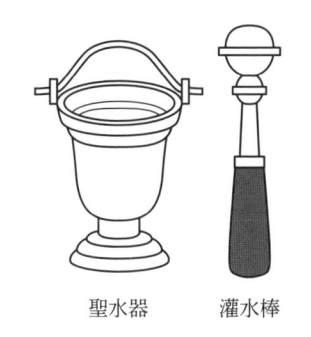

　聖水を入れる器（聖水器）と、これを振り掛けるための棒（灌水棒(かんすいぼう)）からなる器具。カンディド神父によれば、ある祓魔式の際、聖具室係の者が灌水器を持って近づいてきた。すると突然、悪魔が彼の方を向き、「その水で、お前の鼻先でも洗ったら良かろう！」と愚弄(ぐろう)した。そのときはじめて聖具係は、灌水器に入れた水道水を祝別してもらうのを忘れていたことに気づいたという。

聖水器　　灌水棒

● 聖油

　司祭によって祝別されたオリーヴ油。オリーヴ油は古来、病気の治療や予防、強壮効果が知られており、恩恵分与の象徴として、キリスト教の前身であるユダヤ教においても、王の祝別のために用いられていた。病者(びょうしゃ)の塗油(とゆ)の秘蹟(ひせき)（カトリック教会の7秘蹟の1つ。罪の赦(ゆる)しをこう病人を癒すために聖油〈オリーブ油〉を塗り、祈る儀式。「秘蹟」は教会が神と人とを仲立ちして、神の恩恵を与える儀式のことで、残りの6つは、洗礼・堅信・聖餐(せいさん)〈聖体(せいたい)〉・告解(こくかい)〈ゆるし〉・叙階・結婚）や聖職者の叙階（聖職位を授けること）、祭壇や聖水の祝別に用いられる。祓魔式においては、悪魔の攻撃や力を防ぐ効力を持つ。また、身体から汚れを切り離す効果があることから、呪われた食べ物や飲み物を飲んだ患者の治療に用いる。悪魔に憑かれた者は、しばしば聖油を口にすることで、毛の塊や人形など、さまざまなものを吐き出す。

●聖塩

　　司祭によって祝別された塩。場所をきよめる力を持つ。日本でもきよめの塩などと呼ばれるように、塩の浄化作用は世界中で知られており、『旧約聖書』にも塩に関する記述が多い。祓魔式においては、悪魔に取り憑かれた部屋の四隅においたり、敷居を跨いでまいたりする。

●十字架

　　イエスの磔刑(たっけい)の象徴であり、キリスト教の信仰の中心。悪魔に取り憑かれた者の身体に触れさせると、しばしば異常な苦しみを訴える。

●聖遺物

　　諸聖人の遺骸や遺物。悪魔に対して特に強力な効験を発揮する。

世界で絶大な人気を誇る神父
ピオ神父
vs. 悪魔

生没年　1887～1968年
出身　イタリア カンパニア州 ベネヴェント県 ピエトレルチーナ村

第1章　エクソシスト

　現代のイタリアで、また全世界で今なお絶大なる人気を誇る聖者・ピオ神父（1887～1968）。生前の彼は、その祈りの力によって1000人以上の病人を癒したのみならず、また数々の奇蹟（きせき）でも知られている。

　ピオ神父の奇蹟といえば、もっともよく言及されるのが「聖痕（せいこん）」である。聖痕とは、磔刑（はりつけ）のイエスと同じ両手・両足・脇腹・額に、なんら外的要因もなく傷があらわれる現象をいう。中世の聖者・アッシジの聖フランチェスコ（1181？～1226）がこの奇蹟で有名だが、フランチェスコに聖痕があらわれたのは晩年の2年間。これに対してピオ神父の場合は、生涯の50年間にわたって聖痕があらわれたという。

　また彼は、恐るべき予知能力でも知られる。1947年、神父のところに当時、司祭になったばかりのカロル・ユゼフ・ヴォイティワというポーランド人青年が告解（洗礼後に犯した罪を悔い改め、司祭に告白することで神と教会から与えられる罪の赦し。カトリック教会の7秘蹟の1つで、「ゆるしの秘蹟」とも呼ばれる）に訪れた。彼を一目見るなり、ピオ神父は言い放った。「あなたはいずれ教皇になるでしょう」。青年は驚いたが、神父の予言は的中し、彼は40年後、史上初のポーランド人教皇ヨハネ・パウロ2世となるのである。

　さらに、にわかには信じ難いような話もある。第2次世界大戦中、ピオ神父の住む南イタリアの寒村サン・ジョヴァンニ・トロンド上空を飛行中の連合軍の爆撃機が、空中で両手の聖痕から血を流すピオ神父を見たというのだ。神父の訴えを聞いたパイロットたちは、村の爆撃を中止したという。

エクソシストの事件簿

そのような驚異的なエピソードにこと欠かないピオ神父であるが、その生涯はある意味では、まさしく悪魔との闘争に明け暮れた凄絶なものでもあった。神に近い聖者ほど悪魔の標的となりやすいというのは、聖アントニウスの時代から変わらぬ真理であるらしい。

たとえば1912年6月には、得体のしれない醜い顔をした生物が出現し、彼を襲った。この悪魔は、午後10時から翌朝5時まで、彼を殴り続けたという。のみならず、悪魔は彼を床に投げつけたり、枕や本や椅子などを空中に投げ上げたりした、と彼自身が書簡のなかで述べている。

同年10月に出現した悪魔はさらに狡猾であった。悪魔は神父に次のように提案したのである――「いまの師と縁を切れば、イエスが歓ぶだろう。師はおまえにとって非常に危険な人間であり、おまえを大いに惑わす元凶なのだ」。

これに対して、神父は皮肉で応酬した。「私は今まで、悪魔は頭がいいと思っていたが、じつは私の師ほどには賢くないな」。

ピオ神父と悪魔との戦いは1910年から1918年までの8年間続き、ようやく1918年に悪魔は負けを認めたかにみえた。だが悪魔はなおも諦めることなく、散発的にではあるが、神父の身体に対する物理的な攻撃を続けた。これは神父が80代の老人になるまで続いたという。

また、ピオ神父はたんに悪魔の攻撃を受けるのみならず、自らも悪魔祓いによって積極的に悪魔と戦い、悪魔憑きに悩む大勢の人々を救っている。そのような数々の功績が認められ、2002年6月、当時の教皇ヨハネ・パウロ2世は、彼を列聖（カトリック教会で、死後、福者に列せられた信徒が、さらに教皇の宣言により聖人として公式に認められること）した。すなわち彼は、名実ともに「聖人」となったのだ。

そんなピオ神父が生前、一目置いていた存在が、「20世紀最大の祓魔師」カンディド神父である。全世界から巡礼者を集めたピオ神父だが、ローマから信者が訪ねてくると、ピオ神父は決まってこう言っていたという。

「どうして、こんなところまでわざわざくるんだね。ローマには、

第1章 エクソシスト

カンディド神父がいるじゃないか」

3度に及ぶ悪魔祓いをしたローマ教皇
ローマ教皇ヨハネ・パウロ2世
VS. 悪魔

生没年　1920～2005年
出身　ポーランド マウォポルスカ県 ヴァドヴィツェ郡 ヴァドヴィツェ町

　1978年10月の就任から2005年4月に世を去るまで、じつに26年5か月の長きにわたって司教座（カトリック教会における司教あるいは大司教の執務用座席。司教座聖堂内に設置され、英国国教会・ギリシア正教では主教座と呼ぶ）に君臨した第264代ローマ教皇、ヨハネ・パウロ2世。

　全世界に10億の信者を抱える大宗教ローマ・カトリックの最高権力者としてのみならず、史上初のスラヴ系教皇として、特に東欧諸国の民主化における精神的支柱となった。ローマ・カトリックの枠内にとどまらず、広く宗教や文化の境を越えた対話を呼びかけ、世界平和に多大な貢献をした。

　また就任中に100か国以上の国々を訪問して「空飛ぶ教皇」と呼ばれ、1981年にはローマ教皇として史上初の来日を果たし、簡略ながら日本語で挨拶までして、多くの日本人の熱烈な歓迎を受けた。

　さまざまな意味において型破りで、先進的な教皇として活動したヨハネ・パウロ2世だが、その彼が祓魔師としての側面を持っていたことは意外に知られていない。たとえば彼は1987年の説教において、実体的な意味における悪魔の存在をはっきりと認めている。

　「悪魔との戦いは、現在でもまだ続いています。悪魔はまだ生きており、この世界で活動しているのです。現代の我々をとり巻く悪や、社会に蔓延する混乱、人間の不調和と衰弱は、すべてが原罪（エデンの園に生えた禁断の善悪の木実をアダムとイブが食べることで犯した人類最初の罪。アダムの子孫である人類はキリスト教を

信仰することで救われるとされる）ゆえのものではなく、サタンがのさばって暗いおこないをしている結果でもあるのです」

　それだけではない。じつはヨハネ・パウロ2世は、今日知られているだけでも、教皇在任中に少なくとも3度に及ぶ悪魔祓いの儀式を、自らの手で挙行しているのである。つまり彼は文字どおりの祓魔師であったのだ。

　彼による最初の悪魔祓いがおこなわれたのは、1978年。のちに述べる「20世紀最大の祓魔師」、カンディド・アマンティーニ神父からのたっての依頼によるものだったというが、この件に関してはその詳細は明らかにされていない。

　2度目の悪魔祓いは、1982年の3月のことである。被術者（悪魔祓いを受ける人のこと）は、ローマ・カトリック教会で働く家事責任者だった若い女性で、「フランチェスカ・F」という名が伝えられている。ヴァティカンのなかにいながら悪魔の憑依を受けたフランチェスカを気に病んだとある司教が、じきじきにヨハネ・パウロ2世の前に彼女を連れて行ったのだ。

　教皇を前にした彼女は、いきなり奇声を発して硬直し、その場に倒れ込んだ。

　そのまま痙攣する彼女に、ヨハネ・パウロ2世は「明日、あなたのためにミサをしましょう」と声を掛けた。すると彼女は正常に戻ったという。翌日のミサのようすは記録に残されていないが、ともかく悪魔は撃退された。1年後、フランチェスカは幸せでいっぱいというようすで、夫とともにヨハネ・パウロ2世のもとを訪れたという。

　だが、教皇といえども常にこのように悪魔に勝てるわけではない。彼による3度目の悪魔祓いがおこなわれたのは、2000年9月7日のことだった。

　この日、ヴァティカンのサンピエトロ広場では、週に1度の教皇の一般謁見がおこなわれていた。広場を埋めつくす何千もの信者たちのなかに、北イタリアのモンツァから来た19歳の女性がいた。彼女は背骨に障害があり、歩くのもやっとという状態だったので、協会関係者が配慮して、彼女を参列者の最前列に連れて行ったのだ。

第1章　エクソシスト

だが、いざヨハネ・パウロ2世が姿を見せると、彼女は突如、激しく身悶えして暴れ出し、意味不明の言語で喚きはじめた。じつは彼女は幼いころから悪魔に取り憑かれていたというのである。その場に同席していた後述のアモルス神父によれば、彼女の声は「洞窟の奥底から響くような」恐ろしい声だったという。すぐさま警備員らが駆けつけて彼女を連れ出そうとしたが、彼女は屈強な複数の警備員を相手に超人的な力で抵抗を示した。ヨハネ・パウロ2世は謁見のために広場を1周したのち、彼女をヴァティカンの私室に連れて行った。30分ほど祈禱したあと、翌日に悪魔祓いの儀式をおこないましょう、と約束した。

　翌日の悪魔祓いにはアモルス神父も参加した。そしてヨハネ・パウロ2世は1時間近くの時間をかけて儀式をおこない、悪魔に立ち去るよう命じたが、追い払うことはできなかった。

　多忙な教皇に代わって、その翌日にはさらにアモルス神父が2時間の悪魔祓いをおこなったが、それでも悪魔は去らなかった。

「お前らの頭目にすら、俺を追い払うことはできないのだ」

　と悪魔は宣言したという。

　アモルス神父によれば、これは彼女に憑依した悪魔がきわめて強力であったからである。彼は言う、「教皇御自身の祈りに抵抗できるほど強い力を持った悪魔を追放するには、何年も儀式を続けていくしかないということです」。

　悪魔がこれほど強力である場合は例外としても、ヨハネ・パウロ2世が悪魔の側から特に恐れられていた教皇であったことは間違いない。のちに述べるイタリアはボローニャ在住のエクソシスト、エフレム・チリーニ神父（1925〜2010）は、悪魔祓いの際にヨハネ・パウロ2世の名を出すと、とりわけ悪魔は激しい抵抗を示すと証言している。アモルス神父もまた、ヨハネ・パウロ2世の写真が悪魔祓いに特に効果的であるという。

「悪魔たちは前教皇の存在にとても動揺する」

　このようなヨハネ・パウロ2世と悪魔とのかかわりの深さを端的に示すのが、『ローマ教会典礼定式書』のなかにある「悪魔祓いとある種の嘆願について」と呼ばれる文書である。これは1614年に

書かれた悪魔祓いの典礼の核となる文書であるが、事実上、385年間にわたって放置されていた。ヨハネ・パウロ2世は10年以上の歳月をかけてこの文書の実用的な改訂をおこない、1999年に発表したのである。ラテン語で発行されたこの典礼は、すぐさま教皇の母国ポーランドで翻訳出版された。

この典礼の発行から数か月後、悪魔祓いに関する10項目の規律を示す、典礼とは別のガイドライン文書が発行された。これに署名したのは当時の聖省長官ヨゼフ・ラッツィンガー。すなわち、のちの教皇ベネディクトゥス16世であった。

20世紀最大の祓魔師
カンディド神父
vs. 悪魔
- 生没年　1914〜1992年
- 出身　イタリア トスカナ州 グロッセート県 バニョーロ・サンタ・フィオラ村

その神父と出逢った人は、例外なくいう、彼こそはまことの「聖人」であったと。常に寡黙であり、多弁を弄することも声を荒げることもないが、まれに発する一言は寸鉄のように人の心に響き、ときにはその人生を永遠に変えてしまうと。

それが「20世紀最大の祓魔師」と呼ばれ、あのピオ神父をして「カンディド神父こそ、まさに神の御心に適う人だ」といわしめた、カンディド・アマンティーニ神父である。

カンディド・アマンティーニは1914年、イタリア半島中部トスカナ地方のバニョーロ・サンタ・フィオラという小村に生まれた。12歳で修道院に入り、1937年に司祭となる。彼が祓魔師としての召命を受けたのは、ヨハネ・パオロ修道院で聖書解釈学の教鞭を執っていた1952年のことだった。

当時は、まさに1960年代の第2ヴァティカン公会議で祓魔師という職務が廃止されようとする直前の時代である。祓魔師としてのカ

ンディド神父の存在がなければ、祓魔師の実際の職能や伝統はそのまま途絶えてしまっていたかもしれない。だが実際には彼はこの重責を見事に果たし、36年にわたってローマ随一の祓魔師であり続けたのだった。

彼は通常、1日に60人から80人の患者を相手にしていたという。祓魔式が体力・精神力の双方を著しく消耗させる激務であることを考えれば、それだけでも超人的な偉業である。

のちのアモルス神父と同様、カンディド神父もまた、彼のもとを訪ねてくる患者のなかで、本物の悪魔憑きであるといえるのは数パーセントに過ぎない、と判断していた。だが割合は少ないとはいえ、本物の悪魔憑きはしばしば、想像を絶する現象を引き起こす。

カンディド神父は祓魔式の際、悪魔の名を問い質す。ある幼い少女に取り憑いた悪魔は、「ゼブルン」と名乗った。式が終わり、少女が平静を取り戻したように見えたので、神父は彼女に、「聖櫃の前へ行ってお祈りをしなさい」と命じた。

そして次の患者に対する祓魔式がはじまった。またしても少女だったが、問い質すと、この第2の少女に憑いた悪魔もやはり「ゼブルン」と名乗ったのである。神父はたずねた、「お前は、先ほどの女の子に取り憑いていたのと同じ悪魔なのか？　もしそうならば合図せよ。神の名において、お前が今、離れた女の子のところへ戻るよう命ずる！」。すると、第2の少女は喚くような声を上げたかと思うと、そのまま落ち着きを取り戻した。一方、その瞬間、聖櫃の前で祈っていた最初の少女が喚きはじめたのである。明らかに、同じ悪魔が2人の少女の間を行き来していたのだった。そこで神父は、「もう一度ここへおいで」と命じた。するとたちまち、最初の少女は静かに祈りはじめ、第2の少女が喚きはじめたのである。

神父によれば、ゼブルンとは強力な古参の悪魔の1人であるという。1人の人間に複数の悪魔が憑依することは珍しくはないが、そのなかには必ず班長のような悪魔がおり、祓魔師に対してまっ先に名乗らねばならない。また、他の悪魔が出ていったあとも、最後まで頑強に抵抗を試みるのが、この班長にあたる悪魔であるという。

カンディド神父はまた、特に通常の精神病と、悪魔憑きの違いを

第1章　エクソシスト

見きわめる術に長けていた。たとえばあるとき、彼は精神科医たちを前に祓魔式を挙行したことがある。悪魔に取り憑かれたのは、その医師たちによって癲癇であると診断された若い男性だった。

　式が始まり、神父が男性の頭に手を触れた瞬間、男性は痙攣を起こして倒れてしまった。それは医師の目には、典型的な癲癇の発作に見えた。

　「ご覧なさい、神父様、彼は紛れもなく癲癇ではありませんか」

　だが神父は、すでにこの男性が本物の悪魔憑きであることを見抜いていた。彼はそのまま屈み込み、もう1度男性の頭に触れた。すると男性は再び弾かれたように立ちあがり、そのまま微動だにしなくなった。

　「これが癲癇患者のすることでしょうか？」

　と神父は静かに訪ねた。医師たちはただ、

　「こんなことはありえない」

　と言うばかりだった。そして医師の治療にはなんの効果も得られなかったその患者は、カンディド神父による数回の祓魔式で、完全に治癒したのだった。

　そんなカンディド神父が、終生忘れられなかった1つの事例がある。バルバラと呼ばれる修道女のエピソードだ。彼女はローマ郊外のとある修道院のなかでも、その美貌と敬虔さにおいて周囲の称讃を集める存在だった。ある時、聖体拝領（カトリック教会のミサにおいて、キリストの血と肉とをあらわす「葡萄酒」と「パン」＝聖体を受けること。聖餐式ともいう）を受けた彼女は、そのまま恍惚状態に陥った。そして彼女は、その状態のまま身体が空中に浮き、両手には聖痕のような傷ができたのである。バルバラは一躍、聖女として持て囃されるようになったが、やがて彼女が魅入られたものは神ではなく、悪魔であるということが明らかとなる。

　あるとき、昼食にバルバラが口にしていたパスタが突如、蛆虫に変化した。これをきっかけに、バルバラは日に日に痩せ衰えてゆき、また同時に修道院にはポルターガイストのような現象が頻発するようになった。バルバラはあるときは口から巨大な肉の塊や石を吐き、またあるときにはなんの原因もなく首筋に傷を負い、そして

ついに、その身体が夜ごと、ベッドのうえで奇怪な姿勢で飛び跳ねるまでになった。

こととここに至って、ようやくカンディド神父が呼ばれた。儀式がはじまり、聖水を振り掛けられると、華奢なバルバラは怪力を発揮して暴れまわり、周りの物を破壊した。そしてそのままばたんと倒れ、動かなくなった。神父は気にもとめず、祈り続けた。1時間後、ようやく彼女は意識を取り戻した。

だが、悪魔は去ったわけではなかった。祓魔式を受ければ症状は一時的にはおさまるが、またすぐにぶり返すということが続いた。カンディド神父は半年にわたって彼女のもとに通い続けたが、結局完治させるには至らなかった。やがて彼女はシチリアの人里離れた僧院へ隔離されてしまったという。神父はその後、自らが死を迎えるまで、彼女の身を案じていた。

1992年9月22日。長く病に伏していたカンディド神父は、不意に病床を囲む人々にこう言った。「今朝、私は聖カンディドに贈り物をねだったのだよ」。その日の午後、カンディド神父は天に召された。彼と同じ名を持つ守護聖人、聖カンディドの祝日だった。

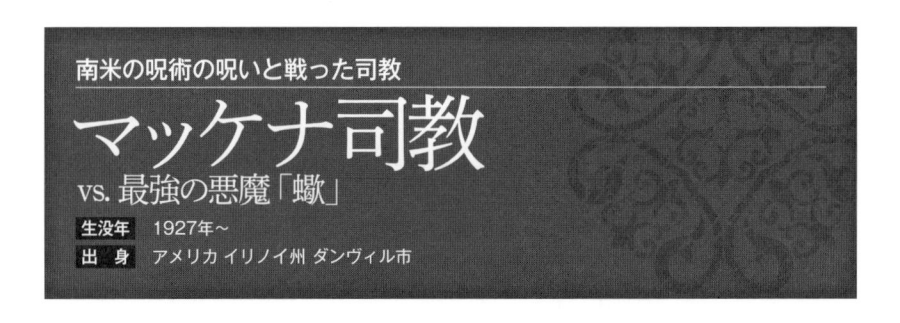

南米の呪術の呪いと戦った司教
マッケナ司教
vs. 最強の悪魔「蠍」
生没年　1927年〜
出　身　アメリカ イリノイ州 ダンヴィル市

悪魔はときに、これを祓おうとする人間側をはるかに凌駕（りょうが）する強大な力を持つ場合もある。ローマ教皇ヨハネ・パウロ2世やカトリーナの事例がそうであったように、そのような場合には祓魔式が1度では終わらず、何年にもわたって続けねばならない。

だが場合によっては、それだけではすまず、悪魔祓いをおこなう祓魔師の方が悪魔の呪いを受け、予期せぬ災難に遭うという場合も

ある。いわば悪魔の逆襲である。

　ロバート・マッケナ司教は、ドミニコ修道会の聖職者。1972年以来、ニューヨークの聖母マリア・ロザリオ礼拝堂の祭式司宰者（儀式などを、管理・監督する人）を任されている。

　マッケナ司教には、祓魔式やその予備調査を補佐する助手の一団がいる。全員がボランティアのカトリック教徒だが、現職の警官やポリグラフ技師などの法執行官も加わった強力な集団だ。

　マッケナ司教には、長年にわたって戦い続けてきた強力なライヴァルともいえるような悪魔がいた。マイケルという名の塗装工に憑依した悪魔は、7度にわたってマッケナ司教の悪魔祓いを受けながら、しぶとくマイケルのなかに居座り続けていた。後述する理由で、マッケナ司教はこの悪魔を「蠍（さそり）」と呼んでいた。

　「蠍」がマイケルに取り憑いたのはいつのことなのか、当人にも判然としない。激しい頭痛とパニック発作、そして「誰かに心を乗っ取られた」ような感覚に襲われるようになったマイケルは、まずは多くの医者にかかり、次にさまざまな宗派の癒しの会などに参加してみたが、まったく改善はみられなかった。

　調査によれば、マイケルはどうやら、義理の母親から呪いを受けたらしい。彼女は自分の娘とマイケルとの結婚に猛反対し、結婚後も彼に敵意を抱き続けていたのだ。彼女は会社を経営しており、南米出身の労働者を数多く抱えていた。そのなかに南米に由来する呪術の使い手がいて、彼女はこの人物にマイケルを呪うよう依頼したのだ。

　つまりマイケルに取り憑いた悪魔は南米の出身で、その姿は南米に棲息する「蠍」に似ていたというのである。マイケルは悪魔祓いの儀式の際、本人は外国語などまったく知らないはずなのに、スペイン語とポルトガル語の混じった言葉をしばしば喋（しゃべ）り続けた。このことは、彼に取り憑いた悪魔の出自をあらわしていたのだ。

　マッケナ司教による最初の祓魔式の際、司教はまずマイケルをロープで椅子に縛りつけ、特に両腕は丈夫な布でピクリとも動かないようにしておいたが、マイケルは舞台の手品師のように、あっさり縄抜けしてしまった。さらに、屈強な助手たちが6人がかりで押え

つけたにもかかわらず、小柄なマイケルは全員を跳ね飛ばした。

2度目の儀式の際には、さらに驚くべき現象が生じた。全員の見守る前で、マイケルの頭部が後方に膨張したというのだ。膨張は6、7センチに及び、ビクビクと脈打っていたという。助手の1人ジョー・フォレスターは言う、

「あんなものを見たのは生まれて初めてだった。『スター・トレック』の特撮みたいだったよ」

だが、結局このときも儀式は失敗に終わった。マイケルの力があまりにも強力で、それを押えつける助手たちの力が続かなくなってしまうのだ。

また、悪魔祓いに携わる助手たちにもまた悪魔の呪いが降りかかった。たとえばジョー・フォレスターは、最初の儀式の際に交通事故に遭い、全治数週間の重傷を負う。また別の日には、大木のうえから巨大な枝が突然落下してきて、危うく命を落としかけた。その枝は枯れているわけではなく、青々とした葉を備え、明らかに異常な力でもぎ取られていたという。

マイケルの悪魔祓いにあたったのはマッケナ司教だけではない。たとえばあるルター派の牧師は、4年にわたって彼の世話にあたったがこれといった成果はなく、それどころか不治の病に冒されてしまった。また別のカトリックの司祭は、マイケルの悪魔祓いの3日前に母親が死んだという知らせを受け取り、儀式はいったん中止。その後、葬儀を終えて戻ってきたが、今度は教会が火事になって全焼してしまった。

それ以外にも、マイケルに携わった聖職者が身に覚えのない児童虐待の罪で教会を追われたり、神経をやられて姿を消してしまったという例まである。

「蠍」は、マッケナ司教がこれまで手掛けてきた悪魔たちのなかでも、とりわけ強力な悪魔だったのだ。

マイケルに対する最後の祓魔式がおこなわれたのが、1993年9月のことだ。3日間に及ぶ祓魔式は、最終日が9月14日の「十字架の勝利の祝日」に合わせてセッティングされた。

礼拝堂のなかの椅子に縛られたマイケル。だが儀式がはじまる前

に、「蠍」はまず、凄まじい悪臭を放って祓魔師たちを攻撃した。助手の1人は思わず部屋を出て、駐車場でのたうちまわった。

マッケナ司教はラテン語で悪魔に訊問を続ける。この訊問によって、もしも悪魔が自らの名を名乗れば、それは悪魔が弱ってきている徴候である。だがこのときは有利な徴候は何もなかった――長い沈黙の後、悪魔は言い放った。

「腹を掻き切って、はらわたを引っ張り出してやるぞ!」

さらに悪魔は、その場にいたドミニコ会の修道女を要求した。マイケルから出て行く代わりに、ケガレなき修道女をよこせというのだ。さしものマッケナ司教もこれには激怒し、「悪魔よ、黙れ!」と一喝したのち、凄まじいいきおいでラテン語の祈りを唱えた。

「汝を滅ぼさん、不浄の霊よ、地獄より来れる者よ、イエス・キリストの御名において、神の子より立ち去ることを申し渡さん……」

すると悪魔は、凄まじい精神攻撃を繰り出してきた。祓魔師たちの記憶を探り、恐ろしい幻像を見せたのである。助手の1人で警官のラルフ・サーキは、2度と思い出したくない凄惨な事件現場の記憶をありありと見せられ、すっかり参ってしまう。

最後に、司教と2人の助手が3つの十字架を同時にマイケルにあてた。

「主の十字架を見よ。いざ去れ、悪魔よ!」

マイケルは自暴自棄に駆られたかのように、眼球を左右に激しく動かした。その目は明らかに、人間でない何かだった、とサーキはいう。

だが奮闘も虚しく、やはり悪魔はマイケルから去らなかった。マイケルはすっかり諦めたのか、その後、彼が悪魔祓いを依頼してくることもなくなったが、毎年9月がくる度に、この儀式に携わった誰かに災いが起こるようになったという。

悪魔からも賞賛された現代のエクソシスト
アモルス神父
vs. 悪魔

生没年 1925年～
出身 イタリア エミリア＝ロマーニャ州 モデナ県 モデナ市

　2009年当時、世界でもっとも崇敬を集める祓魔師、それがローマは聖パウロ修道会のガブリエーレ・アモルス神父である。

　アモルス神父は1925年、イタリアはモデナに生まれた。第2次大戦中はパルチザンとしてファシストと戦い、一時は政治の道を志したこともあったが、1954年、「15歳のときから天職と決めていた」という司祭に叙任された。そして1986年、カンディド・アマンティーニ神父のもとで公式の祓魔師となる。

　神父は、これまでに5万回を超える祓魔式を挙行してきた。だが、その患者のほとんどはいわゆる精神疾患やその他の疾病であり、実際に悪魔が憑いていたのは全体の2パーセントほどに過ぎないという。いずれにせよ、神父は実際に悪魔を相手に戦い、そして「お前は強すぎる」と悪魔から言われたこともある。

　では、本物の悪魔憑きと、それに似た疾患をどのように区別するのか？　アモルス神父によれば、本物の悪魔憑きの場合、憑かれた者は「聖なる物品」を忌避するようになる、という。たとえば、アモルス神父が担当したある機械工は、ときおり、人が変わったように暴れたり、暴言を吐いたりするという症状を呈していた。しかも彼は教会を極端に忌避し、祓魔式などまったく受けようとしない。そこでアモルスは、彼が仕事着を着て仕事に行っている間に、普段着を聖別した。何も知らない機械工は、帰宅して普段着に着替えた途端、聖別のことなど何も知らないはずなのにいきなり苦しみはじめ、もとの汚い仕事着に替えてしまったという。また、ある子供に取り憑いた悪魔を識別するため、聖水を母親に持たせたこともある。母親がいつものミネストローネに聖水を混ぜると、子供は「苦

第 1 章　エクソシスト

67

い」と言ってそれを飲まなかった。

　意外な人物に悪魔が取り憑いていることもある。16歳の少女アナ・マリアは、あるとき、急激に学業の成績が低下し、また家のなかで得体のしれない音を聞くようになった。そこで両親とともにアモルスのもとを訪ねたのだが、はたしてアモルスはマリアのなかに悪魔特有の反応を嗅ぎ取った。だが、それはごく弱いものだった。次にアモルスがマリアの母親を祝福しようとして頭に手をおくと、母親は物凄い金切り声を上げて椅子から床に崩れ落ちた。なんと、この母親にはマリアよりもはるかに強力な悪魔が憑いていたのだ。マリアは数回の祓魔式で完治したが、母親の方は毎週、数か月にわたる儀式を必要としたのである。

　1人の人間に複数の悪魔が憑依することもある。ジョヴァンナという女性は、長年、頭痛、失神、腹痛に悩まされていたが、医学的にはまったくの健康体であると宣言され、アモルスのところにやってきた。アモルスは即座に、彼女には3体の悪魔が憑依していることを見抜いた。いずれもなんらかの呪いによって彼女に取り憑いたもので、2体は比較的簡単に祓うことができたが、最後の1体は3年に及ぶ祓魔式が必要だった。この悪魔は彼女の婚約者に恋した女性によって送り込まれたものだという。

　このような驚異的なエピソードの数々を持つアモルス神父だが、個々の悪魔祓いとともに、彼はまた祓魔師の地位向上のために尽力したことでも知られる。悪魔祓いの真実を描いた著書を数多く出版し、現役祓魔師の多くを自ら発掘、スカウトして育て上げた。1990年には国際エクソシスト協会を設立して会長に就任。現在は終身名誉会長となっている。今もなお実際に悪魔祓いを続け、また、あのベストセラー小説『ハリー・ポッター』シリーズを「人々を悪魔主義へと導く危険な書物」として弾劾し、注目を集めるなど、その活動は衰えをみせない。

悪魔と戦う最高齢のエクソシスト
チリーニ神父
vs. カテリーナ

生没年 1925〜2010年
出身 イタリア

　カテリーナは40代半ば。プロのダンサー。父は外科医、母は音楽家という恵まれた家庭に育った。今ではボローニャのダンス教室で少女たちにバレエを教える毎日だ。また彼女自身が舞台で踊ることもあれば、ときにはTVにも顔を出す。

　そんな彼女は今、毎週金曜日に聖グレゴリオ・エ・シロ教会へ通っている。お目あては、ここにいる祓魔師エフレム・チリーニ神父。彼の悪魔祓いを受けることが、もはや彼女の生活の一部となっていた。

　彼女が悪魔の憑依を受けたのは1998年ころ。それまで彼女は恋人と同棲したり、占いやオカルトに手を出したりしていた。麻薬やアルコールを乱用したこともある。いずれもカトリックが罪深い行為として禁じているものだ。

　そんな日々を送っているうちに、いつしか彼女は神経が過敏となり、「自分が身体の外にいるように」感じるようになったという。これが憑依のはじまりだった。

　最初彼女は、何人かの精神科医にかかった。そこで彼女は統合失調症や人格障害、解離障害などの病名を与えられ、投薬治療を受けた。だが状況は一向に改善されなかった。そうこうするうちに、家が火事で全焼、さらに交通事故で車が大破した。これは尋常ではない、と彼女は確信するようになった。

　そこで彼女は、久しく忘れていたカトリックのミサに参加することにした。ミサは彼女を救ってはくれなかった。それどころか、彼女はミサの最中に奇妙な反応を見せるようになったのである。突然気が遠くなったり、耐え難い吐き気に襲われたり、突然大声を上げ、椅子から転げ落ちて床をのたうちまわることもあった。

司祭たちは彼女が悪魔に取り憑かれていると考えた。こうして彼女は、エフレム・チリーニ神父と巡り会うことになる。
　2005年当時、神父は80近い高齢で、イタリアにいる350人ほどの祓魔師のなかでも、最高齢に近い。チリーニ神父にとって悪魔祓いの儀式は、極度に体力を消耗する重労働である。
　カテリーナは毎週、チリーニ神父のもとに通っているが、毎回悪魔祓いがおこなわれるわけではない。ほとんどの場合はたんなる祈りだけで終わる。そして状況によって、「本格的な悪魔祓い」がおこなわれるのだ。
「天にまします我らが父よ、その名を崇めん……」
　祓魔式に臨んだ神父が祈りを唱えはじめると、カテリーナの人格は一変する。嗄(か)れて野太(のぶと)い男の声で神父を罵倒し、全身を激しく硬直させ、痙攣する。
「ティ・コマンド、サタナ！　神の僕であるカテリーナから出て行け！」
「もうやめろ！　このマヌケな司祭め！」
　カテリーナは激しく叫ぶ。と思うと、今度は幼い少女のように懇願する。
「もうやめて。おねがい」
　そして金切り声を上げ、激しく毒づく。
「死ね、司祭！　死ね、司祭！　死ね、司祭！」
「聖なるマリア、神の母よ、我ら罪深き者のために祈りたまえ。……我らを癒したまえ、主よ！　彼女を癒したまえ、主よ！」
　こうしてカテリーナは数時間にわたって喚き、悶え、泣き叫ぶ。そしてようやく、儀式が終わるとともに彼女は平静を取り戻すのだ。
　いつか彼女が完全に悪魔から解放されるときがくるのだろうか。それはチリーニ神父にも分からないのだ。

第2章
日本のゴーストハンター

日本にも「祓魔」の観念はあったのか？ じつは仏教・修験道・陰陽道など時代によってさまざまな宗教が興隆した日本では、多様な修法が生まれていたのである。仏教者・修験者・陰陽師・民間宗教者の祓魔術を公開する。

日本のゴーストハンターの概念

日本の祓魔とは

　「祓魔」はあまり聞き慣れない言葉かもしれない。文字どおり、魔を祓うということである。一般的には「悪魔祓い」を想起する人も多いだろう。英語でいえば、exorcism（エクソシズム）であり、「悪魔祓いをする人」（祓魔師）のことをexorcist（エクソシスト）といっている。狭義のエクソシストは、本書第1章で詳述されているようにキリスト教のカトリックの神父の一部がその役割を担っている。もちろん、キリスト教以外の主要宗教などでもその歴史的文化的な背景は異なるが、悪魔祓い的方法はさまざまに存在している。

　エクソシストとは別に、ghost buster（ゴーストバスター）という言葉がある。ゴーストバスターは「幽霊の破壊者」＝「幽霊退治をする人」という意味であるが、これもキリスト教だけにとどまらず、諸宗教の聖職者から各地の呪術師などまでさまざまなタイプが存在していることはいうまでもない。

仏教伝来と「降魔」の観念

　さて、日本では「祓魔」の考え方は仏教などの影響を受けて歴史的に変化してきた。

　特に仏教伝来以降、「魔」へのシステマチックな対処法、「降魔」の法の観念が急速に発達していった。

　釈迦が衆生（生命あるものすべて。特に人間）を救うためにこの世で示した8種の相を「釈迦八相」という（降兜率・入胎〈託胎〉・出胎・出家・降魔・成道・転法輪・入滅の8つ）。その八相の1つが、降魔なのである。

　仏伝（釈迦の伝記のこと）によると、釈迦が成道（釈迦が修行に

よって悟りを開いて仏になったこと）しようとしたときに、悪魔が多くの妨害をした。けれども、釈迦はそれをことごとく退散させて、ついに悟りを開いたと伝承されている。

釈迦を襲った悪魔は、どういうものだったのか。

これはキリスト教の悪魔の観念とは異なる。キリスト教の悪魔は神の敵対者で、人間を呪縛して罪に陥れるなどの「悪の支配者」である。

対して、仏教語としての悪魔はサンスクリット語マーラ（殺す者の意）の音訳である「魔羅」や「魔」と同じ意味である。

仏教では悪魔は本来、欲界（仏教の世界観である三界の1つで〈残りは色界・無色界〉、欲望の世界）に住む衆生の一種であり、他化自在天（欲界に属する6つの天上界の1つで、他人の欲望を受けて思いのままに楽しむことができるところとされる）に魔王の宮殿があるところから天魔とも称されている。

釈迦が悟りを開く直前には、魔王波旬（人の命や善根を断つ悪魔）が女を遣わして釈迦を色欲で誘惑しようとしたり、魔の軍勢（仏伝によると、魔王は釈迦に対して旋風・雨・岩石・刀槍・熱炭・熱灰・砂・泥・闇黒を次々と浴びせたのち、輪盤と大石を投げつけたが、釈迦は不動の座を組んですべて排斥したという）を送って釈迦と対決したといわれる。つまり、仏教の悪魔は人間の心を乱し、人間の成道を妨害する凶悪な存在とされる。

悪魔を退けるために、釈迦は独特の身振りをおこなったともいわれる。「降魔の印」である。これは触地印ともいい、端座した状態で、手のひらを下に伏せて指先で地面に触れるというものである。

釈迦が降魔印をおこなうと、地神が出現して、悪魔はついに退いたという伝承がある。

時代が下るにつれて仏教が密教化すると、降魔は調伏（「じょうぶく」とも読む。祈禱の力により怨敵や悪魔を打ち破ること）と同じような意味で理解されるようにもなった。

降魔を象徴する仏尊としては不動明王が幅広く支持されてきた。不動明王は密教の代表的な忿怒尊で大日如来の使者ないしは化身とされる。不動明王などが手に持つ、悪鬼や魔物を降伏（法力や神仏の力を借りて、怨敵や悪魔・煩悩を取りしずめること）する鋭い剣

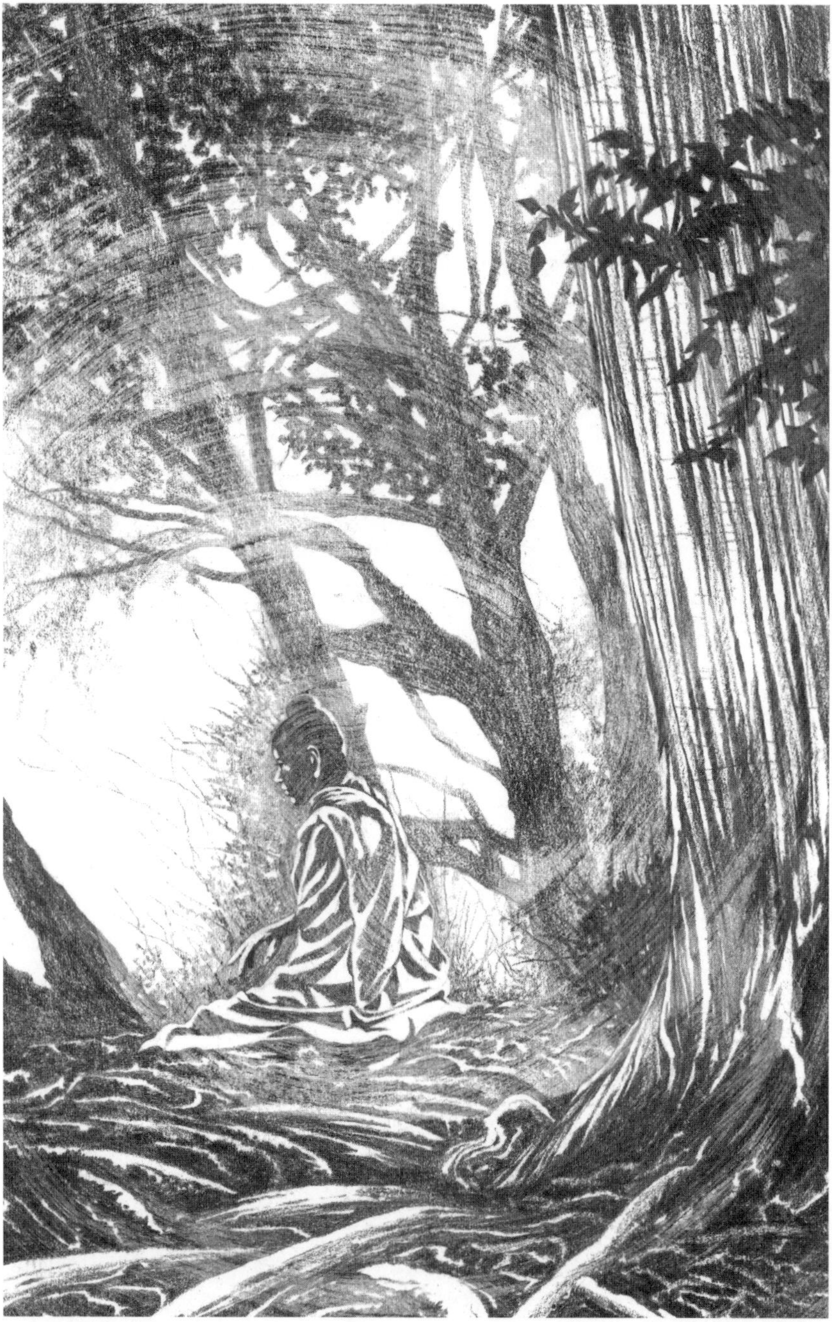

は「降魔の利剣」とも呼ばれている。

「魔の観念」が定着し祓魔法が発達

　ようするに仏教が日本に入り、受容されてから、天魔や睡魔や邪魔、魔縁などの仏教的な魔の観念も広く定着するようになったのである。

　それとともに仏教僧による祓魔の方法である降魔の密教修法なども盛んにおこなわれるようになったわけである。それが陰陽道や修験道などの発達や成立にも深い影響を及ぼした。

　祓魔の考え方はじつは日本人の霊魂観とも密接に結びついている。死者の霊魂は死後、ケガレが多く、災禍を起こすため、その死霊をしずめる祭りをすれば災いはしずまる。この鎮魂儀礼が日本人の葬送儀礼のルーツであり基盤にもなっているという民俗学の説がある。

　民俗信仰では死後は無に帰すのではなく、霊魂が残って、しばらくこの世にとどまってからあの世へ行くものとされている。

　つまり死の直後に肉体から霊魂が分離して遊離霊となる。この死霊は四十九日の忌日までは喪家（喪中の家）の屋根などにとどまっているといわれる。民俗伝承によっては「ホトケの本山参り」などというように故人が生前に属していた本山や菩提寺などに死霊の状態のまま参詣する場合もあるという。

　いずれにしても、死んだ直後の魂は罪にケガレて祟りやすい荒魂（神道において、働き・機能の側面によって呼び分けられる神や人間の霊魂観念の1つ。平常時の和魂に対して、荒々しい働きをする場合をいう）だが、四十九日の供養で滅罪鎮魂され、その後の百か日、一周忌、三周忌などの供養を受けて浄化され、仏や神に近づいていき、実際にそうなるといわれる。

仏教以前の「荒ぶる神」と「祭祀者」

　仏教渡来以前の日本に悪魔なるものはいたのであろうか。また祓魔師のような存在はいたのであろうか。

　キリスト教的な意味での悪魔はいなかった。

古代の日本人は人間や自然に害悪を及ぼしたりする超自然的な魔物のことを「荒ぶる神」などといっていた。疫病も荒ぶる神の仕業として恐れられた。
　荒ぶる神の暴悪や猛威などをしずめ祭る役をしたのが、今日の神社神道の神主にあたる祭祀者であった。
　神主たちは「言向け和す」という方法をとった。つまり荒ぶって対抗する神々に対して言霊を発して相手を従わせるという祈禱法をおこなったのである。
　神道では、言霊による祝詞のほか、禊ぎや祓いによって罪やケガレをきよめれば悪霊祓いにもなるとされている。

怪異現象と魔

　日本では民間信仰における諸々の悪霊の類も魔と称している。つまり、怪異現象や事故を引き起こしたり誘発させ、人を病気や事故に遭遇させ不幸にするといった神秘的な悪しき力を持つ存在があると信じられている。
　それは生霊（生き霊。生きている人の怨霊）であったり死霊（「しれい」とも読む。死者の霊魂、または怨霊）であったり、動物霊や自然霊など悪魔の類の仕業であるとして祈禱師や霊能者などが祓魔をおこなうという伝統がある。
　いわゆる祟りもそうである。祟りは神仏の災いとして説明されるが、生霊や死霊、動物霊、土地や石、植物や器物などにより災いを受けるという意識がベースにある。これは日本の精神土壌が本来的に森羅万象に霊性を認めるアニミズムの世界だからともいえよう。
　ともあれ、意図的にせよ、無意識にせよ、神仏の意志に反して禁忌を犯したり、神の使者とされる動物を傷つけたり殺したり、神木を切ったり、禁足地（立ち入ってはならない場所。聖域）に足を踏み入れたり、神聖視されている物に触れたりすれば、祟りを受けることになる。
　それにより病気になったり、気が触れたり、最悪の場合は急死することもあるとされる。

また死後、間もない霊は祟りやすく、放置しておけば大変恐ろしいことになるという。

そうした原因は本人の生前の行為だけでなく、過去にさかのぼり、先祖の行為や前世のときの報いなどとされることもある。原因不明の場合は、民間祈禱師や占い師などに頼って対策が取られる場合も少なくない。いずれにせよ、祟りの原因の多くは、供養の不足と判断され、供養料などの金銭的な代価によって解消されるパターンとなっている。死霊も供養されることによって善霊となり、いずれは神や仏になるとされているのだ。

怨みをもって死んだ人の霊は悪霊や怨霊になって祟るといわれる。そうした悪霊は怨んでいる相手を取り殺し、ひいては自然災害や飢饉、疫病などを引き起こして猛威を振るうものと恐れられた。左大臣藤原時平（871〜909）の中傷で右大臣から大宰権帥（九州大宰府の副長官）に左遷された菅原道真（845〜903）は死後、祟って時平を急死させ、さらに大納言藤原清貫（867〜930）を震死（雷に打たれて死ぬこと）させただけでなく、さまざまな怪異を起こしたというエピソードは有名である。そのため、朝廷の主導で御霊（「みたま」とも読む。人の霊魂のことで、非業の死をとげて怨霊化した霊魂も含む）として太宰府天満宮（福岡県太宰府市）や北野天満宮（京都市）に鎮祭され、やがて学問の神・天満天神として崇められるようになっている。

一般的によく祟る神としては荒神や金神（五行の金の属性を持つ方位の神で、祟りをする。干支によって所在する方位が決まっているので、事業などを起こす際にはその方角を避けた）などが知られている。しかしそのような祟る神であっても、丁重に祭れば、鎮魂され、守護神にもなるという考え方が日本の信仰風土の伝統にもなっている。

民間信仰の祓魔

民間信仰的な祓魔の仕方は、神道や密教などの方法をも取り込んだお祓いや呪文が中心である。それによって悪霊などの災厄を無害化させることも可能とされている。

たとえば、生の穀物の霊力によって悪魔や悪霊を祓う散米供養がある。『延喜式』の大殿祭の祝詞などにもみられるように、出産時には悪霊の災いから避けるため、産屋に米をまき散らして、その霊力で産屋をきよめている。『日向国風土記』の逸文には日向の高千穂の峰に火瓊瓊杵尊が天降った際、あたりは急に暗くなった。そこで稲の穂を籾にしてまいたところ、明るくなったという。

散米により悪霊や悪神を祓い、空間を神聖化できるというわけである。追儺の豆まきや棟上げ祝いの餅まきなどに代表される各地の儀式は、その延長線上にある悪霊祓いといってよいものである。これらは土地の悪霊や魔物に食べ物を供えて供養するとともに、穀物の霊力で祓いしずめようとした呪法と考えられている。

陰陽師(「おんようじ」とも読む。古代においては国の役所に所属する役人だったが、中世以降は民間の非官人陰陽師が主となった。竹ひごのような筮竹を使って周易の理論で吉兆を占ったり、土地の良し悪しの判定などをおこなっていた)も神道の祓いや密教の魔祓いの呪法を取り込んでいる。陰陽道においては特定の方向には大将軍(「だいしょうぐん」とも読む。方位の吉凶をつかさどる八将神の1つ。太白〈金星〉の精で、12年で四方を1周するとされる。大将軍の方角を犯すと3年以内に死ぬとされ、建築や引っ越しなど万事が忌避された)や金神など災いを起こす悪神がいるという考え方がある。これらの陰陽道の神々は一定の周期で移動するとされている。そうした悪神がいる方角を避けて行動すれば災いに遭わないという。これを方忌みとか方違と称するが、そのノウハウを持っていたのが陰陽師であった。陰陽道は近世には安倍晴明(921〜1005)の後裔でもある土御門家が完全に支配し、天皇・公家・幕府・武家に対して公私にわたる魔除けの祈禱をおこなった。

近世の神道では橘家神道が弓に矢をつがえずに弦だけを鳴らす鳴弦法や、鏑矢を用いて強い音を出す蟇目法によって妖魔退散の法を修している。

また民間のシャーマニックな霊能者のなかには霊界とのコミュニケーションをはかって悪霊をコントロールしてその害を防ぐ呪術をおこなっている場合もある。

中国の道教や神仙道などで用いられた呪符(じゅふ)は、中世に修験道や吉田神道、陰陽道などで受容された。修験者(しゅげんじゃ)(山伏(やまぶし))らが唱える九字(くじ)を図にした呪符(142ページのドーマン参照)などは悪鬼を撃退したりする霊的なパワーがあるとされている。

日本では魔を祭ると善となる

　ところで、キリスト教は、悪魔や悪霊の存在を排除する神中心の一神論を基調にしている。つまり、悪魔は神の敵対者という理由によって神との共存は絶対にありえず、したがって悪魔祓いをする場合は徹底的におこなわれる。

　しかし、日本のような多神教的な信仰風土では魔は必ずしも邪悪一辺倒な存在ではない。超自然的な存在＝精霊でもあり、悪だけではなく善の性格も持ち、またしかるべく祭祀すれば、神となって人々に豊穣や利益をもたらすものとされている、ということを強調しておきたい。たとえば天狗(てんぐ)は江戸時代に悪魔とも呼ばれたが、キリスト教の悪魔とはまったく異なる存在である。神通力(じんつうりき)を持ち、人に害をなすともいわれる天狗を修験者は守護神や護法神として扱っている。

　大乗(だいじょう)仏教(出家者〈仏門に入った人〉を重視する保守的な旧来の仏教〈小乗仏教〉に対して改革を唱えた仏教の1派で、紀元前後のインドに起こった。在家(ざい け)信徒〈出家せずに、普通の生活をしながら仏教に帰依している人〉を重視する。日本の仏教は大乗仏教の流れを受け継いでいる)の世界では魔(＝悪魔)は未来永劫にわたって魔のままということはありえない。いずれ成仏する存在と考えられているのである。仏教の悪魔祓い的な方法としては、前記のとおり、不動明王などを本尊とした密教の調伏法がある。これにしても魔障(ましょう)の息の根をとめて退治するというのではなく、仏法の強い慈悲によって成仏してもらうという考え方が根底にある。「日本にはキリスト教国のような邪悪で残虐な、芯からの悪魔というものは存在しなかったようである」と宗教民俗学者の五来重(ごらいしげる)が述べているとおりである。

　悪魔や悪霊を完全に退治して殲滅するという考え方はキリスト教などの一神教的な発想なのである。

仏教者

6世紀に伝来した仏教は、空海のもたらした密教の影響で密教修法化し、僧侶は加持祈禱の力によって国家から個人までを守護する。

仏教者と祓魔の起源

仏教史における空海

　　紀元前5世紀に釈迦によって創唱された仏教は、時代や場所、民族などによって変化してきた。日本への仏教伝来は6世紀で、奈良時代に『金光明経(最勝王経)』『仁王経』を主とする護国経典の普及がはかられ国家仏教が確立。平安時代には最澄〈767〜822〉の天台宗(大乗仏教の流れをくみ、6世紀の中国天台山ではじまり、唐僧鑑真〈688〜763〉が奈良時代の日本へ教えを伝えた。平安初期に最澄が出て比叡山に延暦寺を建て1宗を開いた。のち、山門派と寺門派、さらに真盛派に分派した)、空海〈774〜855〉の真言宗(入唐した空海が長安・青龍寺の密教僧だった恵果〈746〜806〉について修行し、帰国後の弘仁7年〈816〉開宗。真言密教・東密ともいう)が成立して日本の風土は密教化の方向をたどり、貴族を中心に悪霊祓いなどの加持祈禱が盛んにおこなわれるようになった。

　　鎌倉時代には法然〈1133〜1212〉・親鸞〈1173〜1262〉・一遍〈1239〜1289〉らの浄土信仰、栄西〈1141〜1215〉・道元〈1200〜1253〉らの禅、日蓮〈1222〜1282〉の法華信仰などが盛んになり、室町期にはそれらの諸派が一般に定着普及した。江戸時代は寺檀制度(寺と檀家の関係を基礎とし、寺請や宗旨人別帳への記載によって、檀家がキリシタンでないことを証明させる制度)が確立し、

明治の神仏分離政策を経て今日でも大きな影響力を保っている。

仏教と祓魔との関係でいえば、空海が伝えた密教修法(「ずほう」「すほう」とも読む。加持祈禱の法のこと)の影響力は歴史上、決定的なものがあったといえる。密教は、口に真言を唱え、身に印契(手指によって作る種々の形)を結び、護摩を焚くなどの儀礼を通じて、煩悩の迷いを焼き尽くして即身成仏(生身のままに悟りを開いて仏になること)するという教えである。密教の導入によって大は護国から小は各個人の守護まで保証されることになったのである。

空海は「四大の病気は医薬に依るべく、鬼神のわずらいは誦咒に依るべし」とも説いている。鬼神のわずらいとは死霊や悪霊などが原因となって起こる心身の不調である。それは医薬では治らず、誦咒=祈禱によって治るというのである。誦咒とは読経や真言の読誦(「読」は経文を見ながら読み、「誦」は暗記して唱えることであるが、合わさるとお経を声に出して唱えることをいう)である。

密教僧であれば密教的な方法による加持祈禱をおこなうわけであるが、一般の信者の場合でも『般若心経』などを読誦したり、有縁(仏や菩薩に縁があること)の諸仏諸尊の真言や宝号(仏や菩薩の名)などを念誦(「ねんず」とも読む。心で念じつつ、お経や仏の名を唱えること)すれば、諸仏の感応によって効験があるとされている。

禅宗系の僧侶も座禅だけでなく、密教の真言や陀羅尼(古代インドのサンスクリット語で書かれた呪文を原文のまま読むもの)を活用している。曹洞宗の基礎を確立した「太祖」と称される瑩山紹瑾(1268〜1325)は密教的な祈禱法を積極的に採用し、信者の治病や除災などに霊験があったと伝えられている。

密教とは直接関係のない浄土宗でも念仏を称えれば、阿弥陀仏を中心とした守護が得られるとしている。浄土宗の開祖である法然の『選択集』などによると、念仏を称えれば、本尊の阿弥陀仏がその念仏者のところに観音菩薩・勢至菩薩などの二十五菩薩(残り23は、薬王・薬上・普賢・法自在王・獅子吼・陀羅尼・虚空蔵・徳蔵・宝蔵・山海慧・金蔵・金剛蔵・光明王・華厳王・衆宝王・

日照王・月光王・三昧王・定自在王・大自在王・白象王・大威徳王・無辺身の各菩薩）を派遣し、念仏者を前後左右から徹底的に擁護してくれるので、悪魔や悪神も念仏者を襲うことはできないと説いている。特に加護を求めて祈らなくても、念仏を称えていれば必ず仏の守護があるというのである。

日蓮と門流の祈禱法

　仏教者の除魔に関する祈禱では日蓮宗系の祈禱法も知られている。
　日蓮宗の開祖の日蓮は『法華経』をもとにした祈禱の重要性を説いた。人間に災難を与えるとされている悪霊や妖魔邪鬼などに関して日蓮は「いかに強力な魔であっても『法華経』の前には改心して正法を守護するという誓いを立てている」と強調。そのため、魔物が襲ってきたとしても恐れることなく、『法華経』を護持する者の権威をもって断固として摧滅（打ち砕くこと）せよと教示している。
　日蓮によると、祈禱には次の4種がある。すなわち、①顕祈顕応（祈禱をおこなえば、神仏が感応してはっきりと目に見える形で利益を垂れる）、②顕祈冥応（祈禱をおこなえば、目には見えないけれども神仏が感応して利益を垂れる）、③冥祈顕応（祈禱をしなくても、『法華経』への帰依の功徳（信じてすがった結果得られた神仏の恵み）によりはっきりと効験があらわれる）④冥祈冥応（祈禱をしなくても、『法華経』への帰依の功徳により目に見えない効験がある）。
　ようするに『法華経』に絶対的に帰依していれば、何も恐れることはないというわけである。そして『法華経』と修法師（加持祈禱をおこなう術者）と信仰者の3種が合一すれば、国土の大難をも祓うことが可能であるとしている。
　日蓮は信者の病気祈禱などを実際におこなって効験を得て、弟子の日像（1269〜1342）などにもその方法を教えた。日蓮宗の加持祈禱はこの日像が京都を拠点として布教してから各地に広まった。江戸時代に甲斐（山梨県）の身延山久遠寺（南巨摩郡身延町）の積善房流、下総（千葉県）の中山法華経寺（市川市）の遠壽院流

が成立した。

　積善房流の仙寿院日閑(1577?〜1673?)は七面山(山梨県中巨摩郡)で100日の間、参籠修行(社寺に籠って昼夜を問わず修行すること)したところ、七面大明神の宝前に安置していた華瓶に1枝が飛んできた。その1枝で病人を加持祈禱すると、たちまち治ってしまったという。

　仙寿院日閑の師匠で、日蓮宗の荒行の祖とされる仙応坊日慧は七面大明神から楊子の木剣を授けられたという伝説がある。

　楊子の木剣が、日蓮宗の祈禱寺院でおこなわれている木剣加持のルーツとされている。木剣加持は日蓮の『祈禱肝文』を唱えつつ、木剣に数珠を添えて修する祈禱法である。これにより死霊や生霊、野狐、疫神などに取り憑かれた病人などを治したり、どんな悪魔をも退散させ、得脱(生死の苦しみを抜け、悟りの境地に至ること)させることができるという。

日蓮宗の祓魔

　日蓮宗の木剣による加持祈禱には、悪霊祓いの「調べ加持」、病を癒す「当病加持」、国家安穏と五穀豊穣を祈る「祈念加持」、天部の神々に法楽を捧げ、その功徳を受ける「法楽加持」などがある。

　日蓮宗の祈禱においては忿怒形の鬼子母神(幼児を食う悪女であったが、仏の説法に接して『法華経』護持の神となった)と十羅刹女(仏の説法に接して人の精気を奪う鬼女から法華行者を守る神女となった、藍婆・毘藍婆・曲歯・華歯・黒歯・多髪・無厭足・持瓔珞・皐諦・奪一切衆生精気の10人)を特別に重視している。というのはこの神々は「『法華経』を読誦し、受持する者を守り、災いを取り去り、『法華経』の行者に危害を加える者を罰する」と誓っているからである。

　悪霊などに悩まされている人を前にして、日蓮宗系の行者は結跏趺坐(座法の1つで、両足の甲をそれぞれ反対のもものうえに乗せて押さえる形の座り方)し、慈悲心を起こして仏天に加護を祈り、『法華経』を読経。さらに五段祈禱法などの霊的な秘法によって憑

き物の正体を探る。すなわち生霊か死霊か、呪詛によるものなのかなどを調査し、木剣加持などによってその憑き物を成仏させるのが原則である。つまり、悪霊を説得してきよめてより高いところへと導くことになっている。ただし猛烈な悪霊の場合は強引に折伏（悪を打ち砕き、屈伏させること）して追い払うということもある。

　日蓮宗系の祈禱には「早九字切り」や「霊符」などもある。早九字切りは「臨兵闘者皆陣列在前」の九字の代わりに「妙法蓮華序品第一」「妙法蓮華経呪詛毒薬」「令百由句内無諸衰患」などを木剣を使用しながら唱えたり、「妙」の字を描く形式などがある。霊符は「南無妙法蓮華経」を紙に書いたものが中心だが、『法華経』に登場する天部の神々の名を記したものなどもある。

　呪詛を打ち返す秘法として「鬼」と「還」の字を組み合わせた文字を木剣か指で宙に描いたりもする。この呪詛返しにより相手は厳しいとがめを受けることになるという。

　一方、霊符は所持するか、貼るか、飲んで用いる。服用する霊符を特に呑符ともいう。

　仏や菩薩・明王・諸天を礼拝して除魔を祈る方法も古代からある。仏像を拝むという行為は神聖なものであるが、ヘタに拝むとかえって厳罰をこうむるという場合もあるので注意を要する。

　昭和10年（1935）ころ、某仏師が大黒天の尊像を彫造し、各地の社寺に寄贈したことがあった。その仏師によると、その大黒天を刻むにあたり、「どうぞ世の苦しむ者、悲しむ者、貧しき者、病める者たちに利益を与えて下さい。もし貪欲、我慢、他を苦しめて自ら驕る者、不道義な祈願をかける者があったら必ず罰を与えて下さい」と一刀ごとに念じてつくったという。あだやおろそかに拝んではならないという戒めである。

仏教者の戦闘術

　仏教伝来によって日本古来の「魔」の観念は劇的に変わった。
　仏教自身も日本では密教化の方向をたどり、対象も護国から各個人の守護まで広がっていった。仏教者も平安時代には貴族の求める敵国調伏や諸魔降伏などのため、加持祈禱を盛んにおこなうようになっていった。時代とともにさまざまな宗派が分岐し、使われる術も独自に発展していったと考えられるが、基本は護摩と祈りの言葉であった。
　以下、代表的な修法を紹介してみよう。

●護摩修法

　密教の代表的かつ重要な修法が護摩である。護摩は本尊と修法する導師と信者が一体となって願いごとの成就を祈る儀式である。バラモン教やヒンドゥー教の宗教儀礼が本来で、供物を火のなかに投じて天上の神に捧げ、祈願する祭式である。
　密教の護摩の考え方として、火を如来（仏）の真実の智恵、火中に投ずる供物を煩悩（悪魔・悪霊など）の象徴とし、これを秘儀的な手続きによって供物を焼き尽くして浄化させることにより、悟りが得られるとしている。
　念のため申し添えておくと、悟りを得ると同時に悪霊や魔性なども浄化ないし破却されるということになっている。
　護摩修法には外護摩と内護摩の2種類がある。
　外護摩は実際に火を燃やしておこなう護摩で、事護摩ともいう。内護摩はイメージだけで護摩を焚くという観想的な護摩法で、理護摩とも称する。
　護摩は仏・菩薩、明王などの密教の諸尊を本尊として修するものである。通常の場合、不動明王を本尊とすることが多い。
　修法の目的には、理由なく我を苦しめる者や襲ってくる悪霊や悪

魔を信服させ、その障害を破ったり除去したりする調伏法、災難をとめたり消したりする息災法、延命長寿や福徳や立身出世などの功徳円満を祈る増益法、和合や親睦を祈る敬愛法の4種類がある。

　修法の種類により護摩修法で用いる護摩炉の形や色、護摩をはじめる時刻、修法者が向かう方位などが規定されている。

　たとえば、悪霊などの調伏法では三角の形をした護摩壇（護摩法を修めるために寺院内に常設された木製の壇。四角の壇中央に護摩を焚くための銅・鉄・石製の炉を据える）を使用する。護摩炉も調伏用には三角形の降伏炉を使う。そのほか、息災の護摩壇は円形、増益の護摩壇は方形、敬愛の護摩壇は八葉蓮形というのが基本である。

　護摩壇や護摩炉は本来、修法の都度作られていたが、次第に固定化されるようになった。護摩に際しては基本的に祈願内容を記した護摩木を焚く。修法の目的によって護摩木も異なる。調伏用の護摩木としてはトゲのある木や、焼けば悪臭を放つ木を使用する。

　護摩木の燃え残りや灰は、治病などのためにお守にしたり服用したりする場合がある。高野山奥之院の護摩の灰は特に霊験があると信じられてきた。

　護摩を修するときには蘇油器もおかれる。蘇油器は本尊など諸尊に供養する油が入っている。『護摩鈔』によれば、降伏（調伏）には芥子油、息災には香木油か蘇油、増益には胡麻油、敬愛には烏摩油を使用する。

● 塗香

　五体や身口意の三業（動作をおこなう身、言語表現をおこなう口、精神作用をなす心）のケガレを除去したり、邪気邪霊を近づけさせないために、密教僧は修法前に香末（練り香）を身体に塗る。
①塗香を塗香器に盛る。
②右手の親指と人差し指で塗香をつまみとり、それを左手の親指と人差し指で分けるようにしてつける。
③右手につまみとった塗香を左の手のひらに塗り、左手につまみとった塗香を右の手のひらに塗る。
④両手を擦りあわせ手のひらや指にまんべんなく塗る。

⑤両方の手首と前腕に塗る。
⑥手と身体が清浄になったと観想して終了。

●真言・念仏・題目・宝号

　仏教の戦闘術で用いる武器は、祈りの言葉が中心である。つまり、真言・念仏・題目・宝号などを唱えることで仏尊と霊的に感応して無明（無知。真理にうといこと）や煩悩を破り、諸々の障害を除き、種々の功徳を受けたり霊験が得られるといわれている。

　真言は呪文の一種で、陀羅尼ともいう。真言にはそれに関係する印がある。印を結んで真言を唱えると、効果は増大するとされる。

　念仏は「南無阿弥陀仏」の6字である。題目は「南無妙法蓮華経」の7字である。宝号は仏や菩薩などの尊格の名で、これに「南無」の2字を加えて唱える。たとえば「南無大師遍照金剛」などがある。

●太元帥法

　国家鎮護や敵国調伏から諸魔降伏など威力抜群の大規模な祈禱法として太元帥法がある。空海の弟子の1人小栗栖常暁（？〜867）が承和5年（838）に唐で習得した秘法中の秘法とされている。帰国後の常暁が奈良の秋篠寺で一心不乱に修法していると、境内の井戸に忿怒形の太元帥明王が出現。あまりにも恐ろしいその姿を目のあたりにした常暁はそのまま気絶してしまったと伝えられている。

　太元帥明王は諸明王の総帥とされている。つまり大日如来をはじめ、すべての仏尊の徳を一身に体現したきわめて強い力があるという。太元帥明王を守護しているのが天龍・阿修羅・八部鬼神・四大天王・二十八部の夜叉大将などの天部であり、密教僧の加持祈禱によってそれらの天部が一丸となって敵を殲滅するとされる。

　元寇のときには太元帥法もおこなわれた。そのため、元軍の猛攻撃を駆逐できたと信じられている。また大東亜戦争でも一部の高僧がこの法を修して呪詛した結果、敵国の要人（代表的人物として第32代アメリカ大統領フランクリン・ルーズベルト）が急死したとされている。

●大聖歓喜天法

　大聖歓喜天は一般に聖天と称されている。ヒンドゥー教の象頭人身の神ガネーシャが仏教に入ったもの。障害をなす魔神を支配する神とされ、怨霊や魔障を取り除いたり、事業や商売などの成功を祈るために奉斎されている。

　聖天の利益は甚大で、これに帰依（神仏や高僧を信じてその力にすがること）すれば、霊的障害はすべて解消されるだけでなく、商売繁盛や恋愛成就、夫婦和合などにも利益があるとされる。

　聖天の尊像には単身像と妃をともなう男女双身像がある。

　清浄をきわめて尊ぶ尊像とされているため、大聖歓喜天法をおこなう行僧は精進潔斎（肉食をしないで心身をきよめること）が不可欠である。そうしなければ厳罰が下るといわれる。

　願意を成就させるための特殊な修法として、大きな銅製の器に胡麻油を入れて煮立て、その油を金属製の聖天像に浴びせておこなう浴油供がある。このほか、甘酒を浴びせる酒供や香水（沈香などの香を水に溶かしたもので、仏前に供え、修法にも用いる。閼伽水・閼伽ともいう）を掛ける華水供という方法もあるが、もっとも効果的とされているのは浴油供である。

●大威徳明王の怨敵調伏法

　怨敵調伏・戦勝祈願の修法の本尊として忘れてはならないのが大威徳明王だ。文殊菩薩の所変（神仏や鬼・霊などがこの世に姿を変えてあらわれること）で、衆生を害する一切の悪人や魔物を屈服させるとされる。六面六臂六足の姿をして忿怒相をあらわし、剣や戟などの武器を持ち、水牛に乗っている。

　調伏作法は三角形の壇をつくり、大独鈷印を組み、この明王の真言「オン・シュチリ・キャラロハ・ウンケン・ソワカ」などを1万遍唱える、その後、怨敵に見立てた泥人形を仰向けにしてその腹中に驢馬などの糞を塗り込め、驢馬の骨もしくは五寸釘を5本用意し、真言を108遍ずつ唱える。それからその釘を両肩と両足と胸に釘打ちしたあと、南面して座し安悉香を焚きながら真言を1万遍唱えるのである。

そうすれば怨敵は病床に伏したり吐血したり悶絶死するといわれる。

●軍荼利明王の除魔治病法

　軍荼利明王とは宝生如来の所変で、身体に蛇が絡みついた一面三目八臂などの姿で忿怒の相をなしている。すべての難事を破壊し、悪鬼などの外敵を除くといわれる。

　祟る生霊や死霊などが原因で起こる病気、特に難病には、この明王を本尊として牙印を結び、鬼神を呪縛するイメージで法印呪「オンウウン・カタドダ・マタビジャ・ケッシャヤ・サラヤハッタ」を唱えて加持すれば癒えるとされる。

●摩利支天法

　身を隠して障害や災難を除き、利益を与えてくれるという天部の神・摩利支天を本尊にして修する秘法が摩利支天法である。

　インドにおいて日月の光や陽炎を神格化したものが本来で、仏教に採り入れられ、二臂または三面六臂、猪に乗る天女像などであらわされる。日本では忍者や武士など戦士の守り本尊とされた。

　摩利支天法を修すると、外敵や鬼神などの視界に入らなくなるので、危害を受けず、刀で切られることも弾丸にあたることもないと信じられてきた。護身法としてきわめて効果的な祈禱法とされているが、怨敵に悟られずに怨敵を襲うことができる効力もある。

　摩利支天の秘密一印隠形大法がある。大金剛輪印を結び、真言「オンマリシエイソワカ」を7遍唱え、心臓・額・左肩・右肩・うなじの5か所を加持し、隠形印を結び前記と同じ真言を108遍唱えると、怨敵の難を受けない護身の霊的なバリアが完成する。

仏教者の服装&アイテム

仏教の僧が出家のしるしとして着る法衣が袈裟である。インドでは本来、不用になった布や捨てられた布切れを縫い合わせて袈裟を作っていた。白い布をまとっていた在家と区別するために、出家の袈裟は黄土色や青黒色をしていた（草木などを使って染め直した）。

基本的な縫製法としては細長い布を縦に一定の数だけ縫い合わせて横長の形にする。その布を縫い合わせる枚数により五条・七条・九条・二十五条などの別がある。すなわち五条袈裟・七条袈裟・九条袈裟などがある。九条袈裟以上は禅宗以外ではあまり用いないが、通常は条数の多い方が高位の袈裟として尊重されている。

袈裟のつけ方は左肩から右の腋下へと斜めに掛けて付けることになっている。袈裟はインドで成立後、中国、朝鮮、日本などに伝わったが、各地の風土や気候の相違、あるいは時代や宗派によって変化しており、多種のものがつくられている。

●袈裟

袈裟は用途によって僧伽梨、鬱多羅僧と安陀会の3種類がある。
僧伽梨は正装衣で儀式・訪問着に相当する。鬱多羅僧は普段着で、仏を拝礼したり説法などのときに着る。安陀会は内衣ともいい、日常の作業や肌着として着用される。

この三衣以外の服を法衣という。三衣は日本では法衣のうえに着て僧尼の身分を象徴するものとして様式化され、儀式などで着用されている。

僧伽梨からは九条袈裟や二十五条袈裟が生じた。鬱多羅僧からは七条袈裟、安陀会からは五条袈裟が派生した。このほか、小五条、輪袈裟、折五条、絡子、鈴懸などもある。条数とは別に生地や模様によって衲袈裟、甲袈

僧伽梨

裟、紋袈裟、平袈裟などに分けたりもする。

　三衣（袈裟）のほか、食事や托鉢に使う持鉢が僧侶の必需品とされ、これを三衣一鉢と称する。

　日本ではさまざまな色や金襴の布地も用いられ、色や形などにより僧侶の位階や特権をあらわすものになっている。簡易型の袈裟（輪袈裟）は僧侶だけでなく、在家信徒も着用する場合がある。

鬱多羅僧

●法衣

　法衣は袍裳、鈍色、素絹、直綴の4種がある。袍裳は上半身の袍と下半身の裳とに分かれた仕立てで、法服ともいう。鈍色は袍裳と同じ仕立てであるが、単地で無文の生地を使用する。素絹は上半身と下半身が一体化した法衣で、生地は単で無文が原則である。直綴は上半身と下半身の両部分を直接縫い合わせた名称である。

　法衣の色は僧階に基づき、定められた色を用いる。宗派によって異なるが、緋が最高位という場合が多い。

鈍色

● 冠帽・帽子

　衣帯としての被り物として冠帽（頭に被るもの、被り物）を頭にいただくものと、布製の帽子（「ぼうし」とも読む）を着装するものがある。前者は主に浄土宗や禅宗で使用。後者は諸宗で用いる。帽子は頭上から被る方法と襟巻のように襟の部分に掛ける方法がある。頭上から被るのは基本的に高位の僧に限られる。

● 草履・沓

　履き物には草履と浅い突っかけ形式の沓がある。草履は堂外や土間、あるいは石畳の堂内で用いる。沓は黒塗りの鼻高（「鼻高沓」あるいは「鼻高履」の略。奈良時代にはじまった、つま先が持ち上がった形の僧侶専用の革製靴）、金襴などを張った草鞋（「そうあい」とも読む。藁で足型に編んだ履物、わらじのこと）などがある。宗派により僧階の上下などによって草鞋の色を区別している。

● 念珠

　不可欠の持物として念珠（数珠）がある。念仏・真言・陀羅尼・題目の回数を数えたり、仏を礼拝する時に手に掛け、つまぐる法具。念珠は宗派や仏事の種類によって形状はさまざまであるが、いずれにしても108の珠のものを正式なものとしている。この数は百八煩悩や百八尊の心をあらわすなどと説かれている。108の珠は54個が2つからなるという考え方もあり、その54は菩薩の十信・十住・十行・十廻向・四善根・十地（「じっち」とも読む）の五十四位の功徳をあらわしているといわれる。

　数珠玉の材料は菩提樹・木患子・多羅樹・蓮・白檀・黒檀・金・銀・銅・赤銅・水晶・真珠・珊瑚・瑪瑙・瑠璃などがある。

　『金剛頂瑜伽念珠経』などによれば、念珠を頭上に安んずれば無

間（絶え間がないこと）をきよめ、首のうえに帯びると、四重（「四重禁」「四重罪」の略で、4種の重罪である殺生・偸盗・邪淫・妄語のこと）の罪をきよめることができる。手に持ち、臂に上げれば多くの罪を除き、ことごとく清浄にするという。

また『数珠功徳経』によれば、数珠を常時所持しているだけでも、無量（はかることができないほど多いこと）の功徳があるとされている。

●扇

畳んだときに先端が広がっている中啓と、中啓よりも先端が狭い形をした雪洞がある。どちらも骨は朱塗りが普通である。細長い檜の薄板をとじ連ねてつくった檜扇も使用される。

扇は本来は涼をとったり虫を払うためのものであったが、僧侶が正装時に威儀を示すために所持する。用途は蠟燭の火を消したり、経本をおく台の代わりとして使用する。悪気や邪気を祓う呪具として使う場合もある。

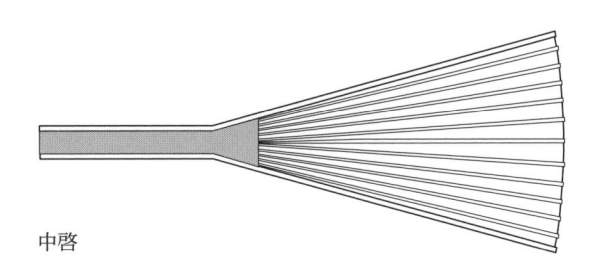

中啓

●金剛杵

密教僧の法具として最重要の1つで、護摩修法のときには絶対に欠かせないものである。元来はインドの武器で、インドラ（帝釈天）の持ち物とされていた。その後、密教に採用されて、魔を含む煩悩を破壊し、仏性をあらわす法具となった。

金剛杵の金剛とはダイヤモンド（金剛石）を意味する。どんな魔性にも侵されることも破壊されることもない仏性を示している。

金剛杵の形は文字どおり、杵に似ているが、武器をルーツとする

だけあって、鈷と呼ばれる鋭い刃がついている。その鈷の数により独鈷杵、三鈷杵、五鈷杵などの種類がある。

　両端が尖って分かれていないものを独鈷杵（独鈷）という。その独鈷杵の両端に2本の鈷をつけて三叉になったものが三鈷杵である。

　金剛杵の材料は金・銀・銅・鉄・石・水晶・白檀・紫檀などと『蘇婆呼童子経』に記載されている。

　『蘇悉地経』によると、三鈷杵を所持すれば、悪魔に襲われることはないとされている。金剛杵のうちで多く使われるのが五鈷杵である。このほか、9つの鈷を持つ九鈷杵、両端が宝珠（「如意宝珠」の略。玉ねぎ様の尖ったあたりの左右から炎が燃え盛ったような形をしている）の形をした宝珠杵、両端に宝塔（円筒形の塔身のうえに四角形屋根を乗せた仏塔）がついた塔杵（塔婆杵）などがある。

　密教の大壇では通常、中央に塔杵、西に独鈷杵、北に三鈷杵、東に五鈷杵、南に宝珠杵を配置する。

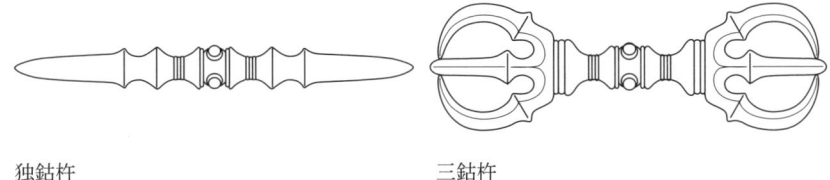

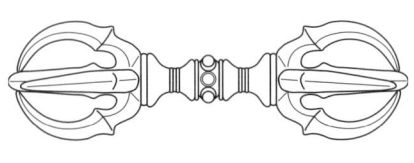

独鈷杵

三鈷杵

五鈷杵

五鈷杵を斜め上から見た図。

●羯磨金剛

羯磨金剛(かつま)は三鈷杵を十字に組み合わせた密教修法具で、金剛杵の一種ともいえる。仏に本来備わっている智慧(ちえ)を象徴する。そのため、悪魔の調伏にも使われる。

●振鈴

振鈴(しんれい)は鈴の一種。密教では金剛鈴という。修法の際、これを振って鳴らすと、仏心が呼び覚まされ、仏は歓喜し、悪魔は恐れて退くとされている。霊場を巡拝する遍路が手にしている法具が、この振鈴である。

柄の形により独鈷鈴、三鈷鈴、五鈷鈴、宝珠鈴などに分類される。密教の大壇のうえには塔鈴(とう)を中心にして五鈷鈴(東)、宝珠鈴(西)、独鈷鈴(南)、三鈷鈴(北)に並べられる。

宝珠鈴　　　　　　　三鈷鈴

● 金剛盤と金箆

　金剛盤は金剛杵と金剛鈴を安置する台で、大壇上におかれる。金箆は古代インドの眼科医が目を手術したり目に薬を塗ったりする医療器具をもととする。密教ではこれを開眼供養などのときに使用する。迷妄の世界を切開して光明に導く法具が金箆というわけである。

● 輪宝

　輪宝はチャクラ（車輪・円）のこと。本来は古代インドの刃が複数ついた円形の武器で、敵を目がけてこれを飛ばし、殺傷したのである。だが、仏教では仏の説法のシンボルとして利用された。

　『長阿含経』によると、転輪聖王が遠征の時に輪宝を持っていくと、四方の諸国がすべて帰服したという。密教的には敵や悪魔の象徴である煩悩を打ち破る法具としてきわめて重視されている。

八鋒輪宝

　輪宝には基本形の八鋒（八輻）輪宝のほか、八角輪宝や三鈷輪宝などがある。八鋒輪宝などは大壇の中央におかれるが、三鈷輪宝は地鎮用として埋納される。つまり、土地の悪霊などをしずめるために利用される。

● 四橛と壇線

　四橛は大壇の四隅に立てて結界をあらわすための小さなクイである。壇線はその四橛に張り巡らす線である。いわゆる霊的バリアを築くためのものであり、これによって悪魔や邪霊の侵入を防ぐことができるとされる。

● **供養具**

仏を供養するための法には香・華・灯明・飲食の4種がある。つまり仏前で香を焚き、華を飾り、灯明を灯し、仏飯などを供える。それぞれに対応した供養具として香炉、華瓶、灯明、仏飯仏具がある。

● **六器**

密教で用いられる仏前供養具を六器という。6個1組になっており、火炉を中心にしてその左右に3個ずつおく。内側から浄水を入れる閼伽器、香を入れる塗香器、華を盛る華鬘器とする。

● **五器・八器**

五器と八器は護摩壇と関係した法具である。五器は灑浄・漱口・五穀・飲食・蘇油を盛る器である。八器は芥子・丸香・散香・薬種・花・塗香・加持物などが入っている。加持物は修法の内容によって種類が異なり、調伏には芥子、息災には黄色く染めた粳米、敬愛には赤く染めた粳米を使用。

調伏の度合いを強める場合は芥子に秘伝の毒物を混ぜたりすることもある。

● **灑水器**

心身のケガレを除去するために香水をそそいだり、香水で道場や仏具をきよめることを灑水という。灑水用の香水を入れておく器が灑水器である。灑水のときには梅・桃・柳などの枝を用いる。梅は仏を喜ばせ、桃は邪気や妖気を祓いきよめ、柳は除病に霊験があるとされる。ともあれ、散杖（梅や柳の枝でつくった杖の形をした仏具）の先に灑水器の香水をつけて空中

に振って散布する。この灑水法要によって魔性の物は退散するという。

　灑水作法は小三股印を結び、甘露軍荼利真言を唱えて灑水器を加持したのち、散杖を用いてランバン加持をおこないつつ、香水をそそぐ。

●塗香器
　塗香を入れる容器で、灑水器と同じ形をしている。

「釈迦の化身」と言われた僧
叡尊
vs. 病

生没年 1201〜1290年
出　身 大和国（奈良県）添上郡 箕田里（大和郡山市）

　鎌倉中期の真言律宗（空海にはじまる真言宗の流れをくむ、真言密教と戒律を併せて修学する宗派。暦仁元年〈1238〉創始）の僧叡尊は興正菩薩の諡号（貴人・僧侶などに、その死後、生前のおこないを尊んで贈る名）もある中世屈指の密教僧である。奈良の西大寺などを中興して真言律宗の基礎を築いたことで知られる。

　醍醐寺（京都市）で出家し、真言密教に専念していた叡尊は、その後、自誓受戒（仏から直接受戒する作法）という方法で戒を身につけてからは、密教と戒律を融合させた修法でさまざまな霊験（霊妙不可思議な力のあらわれ）を示した。

　西大寺に住んでいたときのこと、天女より如意宝珠を賜る夢を見た。如意宝珠は一切の願いが自分の意のごとくかなうとされる不思議な宝の珠を意味する。これにより叡尊が祈ると、病気が快方に向かうといわれるようになった。

　その後、42歳のときに、ある老翁が西大寺に叡尊を訪ねてきた。「菩薩戒を授けてほしい」という。

　菩薩戒とは菩薩としての自覚をもって仏道修行に努める在家や出家が等しく守らなければならないとされる戒律である。

　そこで叡尊が授けてやったところ、老翁は喜んでこう言った。

　「お礼に秘伝の薬法をあなたに伝授いたします。この法をおこなえば、どんな難病でも治癒することができます。霊妙不可思議な卓効があるのです。どうか人々の病苦を救ってやってください」

　と詳しく教えてくれたのである。

　普通の老人ではないと感じた叡尊が「あなたはどなたですか」と名を聞くと、「少彦名命石落神」と名乗り、姿を消したという。

試しにこの薬法を病人に施したところ、不思議なほどよく治るではないか。

その噂を聞いて集まってくる病人があまりにも多くなってきたので、施薬院(せやくいん)を建立して病気に苦しむ人たちを救った。

少彦名命は『日本書紀(にほんしょき)』によると、大国主(おおくにぬしの)神(かみ)の国作りにも協力した医療の神である。高御産巣日神(たかみむすびのかみ)の子の1人で、高御産巣日神の指の間から石のうえに落ちたとされ、そのため、石落神とも称される。

ちなみに少彦名命が叡尊に伝授した薬は「豊心丹妙方(ほうしんたんみょうほう)」とされている。この薬を俗に「西大寺」ともいう。

豊心丹妙方を処方して服用すれば、それなりに効くことはたしかであろう。しかし、それだけではじつは充分ではないのである。

叡尊は製薬した豊心丹妙方を本尊に供えてから、呪薬法会(じゅやくほうえ)をおこなった。つまり密教秘法により加持勤修(真言行者がおこなう、仏の加護を祈って印を結んで真言を唱える修行)したのである。それによって薬に「神」が入り、薬効の威力は飛躍的に高まったのだ。

このようなこともあって叡尊は釈迦の化身ともたたえられた。

次の伝説がある。文永(ぶんえい)3年(1266)に叡尊が大阪の四天王寺(してんのう)で説法していると、聴衆のなかにその身体から光明(こうみょう)を放つ童女がいた。この童女は「我は三輪(みわ)明神(奈良県の大神神社(おおみわ)の神体山・三輪山の神)である」と名乗って7尺(2メートル10センチ)ほど空中を飛び跳ねて、叡尊を釈迦の応化(おうげ)、つまり釈迦の生まれ変わりであると言って称讃したという伝説がある。

それほど叡尊は神格化されていたということでもあろう。

叡尊はまた病魔に苦しむ人などに対して光明真言法を修法している。

光明真言「オンアボキャ・ベイロシャノウ・マカボダラ・マニ・ハンドマ・ジンバラ・ハラバリタヤ・ウン」と唱えて加持する真言法である。

光明真言のもとになっている『大灌頂光真言(だいかんじょうこう)』という経典には光明真言の功徳が書かれている。つまり、十悪(身・口・意の三業がつくる10種の罪悪で、殺生・偸盗(とんよく)・邪淫・妄語・綺語・悪口(あっく)・両舌(りょうぜつ)・貪欲(とんよく)・瞋恚(しんい)・邪見(じゃけん)の総称。十悪業・十不善業ともいう)・五(ご)

逆（仏教における5種の最も重い罪。一般には、父を殺すこと、母を殺すこと、阿羅漢を殺すこと、僧の和合を破ること、仏身を傷つけることをいい、1つでも犯せば無間地獄に落ちる。五無間業・五逆罪ともいう）・四重の一切の罪障（往生・成仏の妨げとなる悪い行為）はもとより、どんな悪人の罪過（法律や道徳に背いたおこない）でも土砂加持法（深山幽谷で採取した土や砂を清水で洗いきよめて7日間天日にさらし、これを器に盛って、光明真言を唱えつつ仏の加護を祈る）によって即座にその罪は消滅し、極楽浄土におもむくというのである。

　それだけではない。あらゆる病的障害、さらには鬼魅魍魎（鬼魅は鬼とばけもの、魍魎は山・川・木・石などに宿っている精霊のことで、さまざまな妖怪変化）も即座に退散する。そしてどんな怨敵に対しても敗北することはないという強力な功徳がある。

　光明真言とともに特別な砂をまいておこなうのが土砂加持法だ。

　病魔などに取り憑かれて地獄に落ちた人でも、土砂加持法を修すれば、かならず救済されて成仏するとされている。つまり死者の悪業も一瞬にして除去されるのである。

土砂加持法で霊をしずめた僧

明恵
vs. 亡霊

生没年 1173～1232年
出　身 紀伊国（和歌山県）有田郡 石垣庄 吉原村（有田川町歓喜寺中越）

　京都栂尾山高山寺を拠点にした鎌倉時代の華厳宗（奈良時代の6つの学派仏教〈南都六宗と呼ぶ〉の1つ〈ほかは三論・成実・法相・倶舎・律〉。『華厳経』に基づき、中国から奈良時代はじめに伝来。東大寺が本山）の僧明恵は亡霊を成仏させるなどの土砂加持法をおこなっていた。

　土砂加持は、砂を清水で洗いきよめてから乾かし、光明真言を

108遍唱える呪法(じゅほう)で加持し、それを病人に振り掛ければ、病気は退散するとされている。

また、加持した土砂を墓にまけば、諸罪はたちどころに消滅し、死者の霊は救われるという。

さらに、硬直した死体にこれを振り掛けると、その死体は必ず柔らかくなるとされている。柔らかくなるのは、その死者の罪業が消えて極楽へ行った証拠であるという。

真言密教で加持した土砂を肌身離さずに持っているだけでも魔除けになるといわれている。

明恵が見た夢の話がある。京都の三条白川(さんじょうしらかわ)のあたりで、ある人が小鬼に襲われそうになった。ところが、その人の髻(もとどり)(髪の毛を頭上に集めて束ねたところ)に土砂を入れた袋を結いつけてあったので、小鬼はどうしても襲うことができずに退散したという。

江戸初期の真言密教僧であった木食以空(もくじきいくう)なども土砂加持法をおこなって地獄で苦しんでいる死者を救済していた。

木食以空の著作『玉かがみ』によると、ある悪人の死体が木石のように硬直していた。木食がその悪人の口のなかに土砂を1粒入れたとたんに、その巨益によって死体は柔らかくなったと記されている。

この土砂加持の秘法は現在でも真言宗や真言律宗などでおこなわれている。もし亡霊に取り憑かれたら、亡霊を目がけて土砂を掛ければ、そのまま成仏し、2度とあらわれることはないと信じられている。

土砂加持に使う砂は、弘法大師空海がいるとされる高野山の奥之院の某所、あるいは叡尊ゆかりの西大寺近くから採取したものがとくに効き目があるといわれる。

祈禱によって奇蹟を起こした霊能者
性信入道親王
vs. 邪霊

生没年　1005〜1085年
出　身　山城国（京都府）平安京（京都市）

　平安時代中期に祈禱によって奇跡を起こすことで有名であったのが性信入道親王である。三条天皇（976〜1017）の第4皇子として生まれた性信は、寛仁2年（1018）に出家し、その後、仁和寺で伝法灌頂（優れた密教行者に、阿闍梨の位を許すためのもっとも重要な儀式。伝教灌頂・授職灌頂ともいう）を受け、さらに高野山に参詣して護摩を修法し数々の霊験を得た。

　源師忠（1054〜1114）の妻が長患いとなって寝たきりとなっていた。高熱を発してどうにもならなくなった。

　性信が戒を授けて香水をそそぐと、熱が引きはじめた。全身にそそいでいるうちに平熱になり、さしもの病も癒えたのである。

　また、興福寺（奈良市）の経範僧都（1031〜1104）が壮年のころに耳の下に大きな腫れ物ができて、治療したが悪化の一途をたどり、瀕死状態となった。それを知った性信が夕方から深夜まで加持祈禱すると、経範僧都の腫れ物が破裂し、おびただしい膿と血が出て治ったという。

　死人を蘇生させたこともある。

　高野山で仏頂尊勝を本尊として除災・滅罪などを祈願する修法（尊勝法）を執りおこなったあと、藤原伊綱から手紙が届いた。それには「愛娘がたった今、急死してしまいました。悲しくてなりません。何とか娘を護持して下さい」と書かれていた。性信は瞑目して祈念すると、伊綱の娘の霊魂が幽界から帰ってきて蘇ったという。

　性信はきわめて優れていた霊能者であったことは疑いないようだ。

　疫病が流行っていたときに、性信はたくさんの菓子を持って外出し、真言を唱えながら、重病人たちにそれを次々と与えた。

彼らは菓子を口にしたとたんに平癒したというのである。

性信が着用していた袈裟にも邪気を祓う霊威が宿っていたといわれている。性信を生身の仏として慕っていた源頼家（生没年未詳。源頼光の次男）が性信から袈裟を借り受けて筑前の地におもむいた。そしてその袈裟を邪気に取り憑かれて病床に伏していた人の枕元においたのである。

すると、不思議なことが起こった。憑依していた邪霊が苦しみ出して、ついには謝罪して退散した。以後、その人は完全に正気に戻り、2度と邪霊に取り憑かれることはなかったという。

このほかにも、修法のしるしが著しかったため、その功により二品（一品から四品まである親王の位階のうち上から2番目）に叙せられた。出家した皇族が品位を叙されたのは性信が初例とされている。

妖狐の執念がやどった石を砕いた僧
源翁心昭
vs. 殺生石の霊

生没年 1329〜1400年
出身 越後国（新潟県）

源翁心昭は玄翁とも称する。南北朝時代の曹洞宗（禅宗の一派で、鎌倉時代に入宋した道元が伝えた。福井県の永平寺と神奈川県の總持寺が大本山）の僧である。越後国（新潟県）国上寺で出家後、能登總持寺の名僧峨山韶碩（1275〜1366）に参じて印可（師僧が弟子の悟りを証明すること）を受け諸方を遊行した。出羽国（山形県）の永泉寺（飽海郡遊佐町）や下野国（栃木県）の泉渓寺（那須烏山市）、下総国（千葉県）の安隠寺（市川市）などの住持（住職）を歴任した。

源翁が歴史上、名高いのは殺生石を退治した伝説があるためだ。殺生石は栃木県の那須湯本温泉（那須郡那須町湯本。那須岳の山

仏教者の事件簿

麓に散在する温泉群の1つで、100以上の源泉を持つ那須温泉の中心)の近くにある溶岩である。この石に触れたり近づくものは死ぬとされていたので、殺生石と呼ばれる。科学的には硫気孔(水蒸気とともに硫化水素や二酸化硫黄を多量に噴出する穴)から硫化水素(水素の硫化物で、腐卵臭のある無色の有毒気体)や砒素(窒素族元素の1つで、金属と非金属との中間的性質をもつ。一般に化合物は毒性が強い)などの有毒ガスが噴出しているためと説明されている。

伝説によると、平安時代後期、鳥羽上皇(1103〜1156)に玉藻前という絶世の美女が接近した。上皇はすっかり魅了されて愛欲に溺れた。そのうちに重い病気になってしまった。

陰陽師の安倍泰成(生没年未詳。安倍晴明5代の孫・泰親の子)が病気の原因を占い、祈禱をおこなうと、玉藻前はついに正体をあらわし、金毛九尾の狐となって逃げ、下野国の那須原へ飛び去ったというのである。金毛九尾の狐は全身が金色で尾が9つに分かれた妖狐で、天竺(インド)から中国を経由して日本に渡り、国王を籠絡し、その生気を奪って長らえていたのである。つまり、天竺にいたころには1000人もの王を殺した斑足王子(インドの伝説上の王で、父王と雌ライオンとが交わって生まれた。名は足に斑点があったところに由来する。斑足太子ともいう)の塚の神となり、中国では殷の紂王(生没年未詳。紀元前1100年ころの人で、殷王朝最後の王)の寵妃妲己(生没年未詳)や周の幽王(?〜前771)の后褒姒(生没年未詳)などとなって淫楽と残忍をきわめたのち、鳥羽上皇を蕩かして取り殺ろうとしていたのである。

しかし、安倍泰成に見破られた妖狐は逃げ延びた先の那須原で、勅命を受けた三浦之介(相模国〈神奈川県〉三浦郡に居住した豪族坂東八平氏の1つである三浦氏に与えられた称号で世襲の官位。「三浦介」とも書く)と上総介(現在の千葉県中央部にあった上総国の次官。親王が国司を務める親王任国なので、国府の実質的長官が上総介だった)によって射とめられた。とはいえ、その執念は石と化して残り、殺生石となって近づく人や鳥獣を殺し、悩ました。

その後、至徳2年(1385)、源翁が殺生石を杖で打って破壊する

と、石の霊が出現。源翁は供養を施して成仏させたので、祟らなくなったという。江戸中期の仏教書『本朝高僧伝』(卍元師蛮著)には玄翁(源翁)が殺生石に対して「汝(おまえ)は元来、堅い石に過ぎないではないか。霊が宿るとは何ごとか」と言って叱責し、杖を持って石を3回打った。すると、石は祟らないようになったとある。

俗伝ではこのときに使った杖は両端を切り落した形をしていたので、それを玄能(石割りなどに使用する大型で、頭の両端が尖らない金槌。名は源翁の殺生石を砕いた故事に由来し、「玄翁」とも書く)と呼ぶようになったともいわれる。

殺生石の伝説は謡曲(能の詞章・脚本)『殺生石』にも出ている。これによれば、玄翁(源翁)が那須野を行脚(仏道修行のために、僧侶が諸国を歩きまわること)中、里の女が「その石に近づかないように」と注意し、玉藻前の故事来歴を語り終えると、殺生石のなかに消えた。

そこで玄翁が供養したところ、石が割れて野干(中国の伝説上の動物。鳴き声はオオカミに似て、体形はキツネに類似し木に登るという。そのため野狐ともいう)があらわれ「今後再び悪事をいたすことはありません」と誓約して消え失せたという。

源翁が破砕した殺生石は各地に飛散したという異伝もある。その飛来地は美作国高田(岡山県真庭市勝山)、越後国高田(新潟県上越市)、安芸国高田(広島県安芸高田市)、豊後国高田(大分県豊後高田市)など各地に伝えられている。このうち、岡山県真庭市勝山にある化生寺(開山〈仏寺をはじめて開いた僧。開基ともいう〉は源翁心昭)の境内には殺生石の石塚がある。福島県白河市表郷中寺字屋敷の常在院にも殺生石の石片とされるものが存在する。

ともあれ、殺生石の伝説は江戸時代には人々の間に広まっていたようである。江戸前期の俳人松尾芭蕉(1644〜1694)も那須の殺生石を実際に見物し、「石の毒気いまだ亡びず、蜂蝶の類、真砂の色の見えぬほど重なり死す」(『奥の細道』)と書き残している。

現在は「史跡殺生石」として観光名所になっているが、柵で塞がれており、禁足地のようになっている。

江戸時代最大の"エクソシスト"
祐天
vs. 霊夢

生没年 1637〜1718年
出身 陸奥国（福島県）磐城郡 新妻村（いわき市四倉町上仁井田）

　浄土宗（浄土教の流れをくみ、平安末期に開かれた源空〈法然〉を開祖とする宗派。阿弥陀仏の民衆救済の誓願を信じ、念仏だけをひたすら唱えることで極楽往生できると説いた。総本山は京都の知恩院）大本山増上寺（東京都港区芝公園）36世の祐天は、江戸時代を代表する呪術師としてあまりにも有名である。

　仏教系の呪術師といえば、ほとんどすべて密教僧というのが相場である。例外的に祐天は浄土宗の僧であり、その意味では珍しい存在であった。

　祐天は当時の密教僧でもたちうちできないほど強い怨霊に憑依された人々を念仏の力1本で救済した。そのうえ、怨霊に対しても大慈悲心によって成仏させたといわれている。

　陸奥国磐城郡新妻村（福島県いわき市四倉）に生まれた祐天は、12歳で増上寺の檀通（？〜1674）の弟子となった。しかし、暗愚であったため、経文（仏教の経典、お経のこと）がどうしても覚えられずに破門されてしまった。

　なんとか悟りを得たいと、祐天は断食霊場でもある成田山新勝寺（千葉県成田市）に出向いて期間を決めて食を断ち籠った。

　満願の日に不動尊（不動明王の尊称。無動明王、無動尊ともいう）から剣を喉に刺し込まれる霊夢を見て気絶。気がつくと、血を吐いていたが、頭がすっきりと冴えわたっていた。智慧を授かったのである。

　これ以降、経典をすんなり覚えられるようになり、増上寺に復帰し、5代将軍徳川綱吉（1646〜1709）やその生母桂昌院（1627〜1705）らの帰依を受け、増上寺36世となり、大僧正（僧正の上位

で、僧官・僧位の最高位)に任じられた。82歳で入寂(僧侶が死ぬこと)するまで、数多くの霊験を残した。

祐天の奇端(めでたいことの前兆として起こる不思議な現象。吉兆)で著名なのは、下総国飯沼(茨城県常総市豊岡町)の弘経寺に住持していたときのことである。羽生村(茨城県常総市水海道羽生町)で累という女性の亡魂(死んだ人の魂。また、成仏できずに迷っている霊魂)を成仏させた事件である。

百姓与右衛門の妻累は嫉妬深かったため、鬼怒川で与右衛門に殺害された。累の怨念が一族に祟ったが、祐天上人の念仏によって解脱(現世の苦悩・煩悩など一切の束縛から解放され自由になること。悟りの境地で、「涅槃」ともいう)したという。

この事件をもとに江戸後期の読本作者曲亭馬琴(1767〜1848)が『新累解脱物語』を、落語家の初代・三遊亭円朝(1839〜1900)が『真景累ヶ淵』などを著して有名になったのである。祐天の晩年の由緒地である明顕山祐天寺(東京都目黒区)境内の累塚には参詣者が絶えない。

このほか、江戸中橋の名主高野新右衛門の家に起こった怨霊事件も解決している。『祐天大僧正利益記』によると、新右衛門が同家の下女のよしと通じて妊娠させた。新右衛門はよしを浅草の実家に帰して堕胎薬を与えた。劇薬であったため、よしは七転八倒のうちに死んだ。

その後、新右衛門の娘みよが病気となり寝ていたが、ある夜に突然ものすごい形相をして立ち上がり、新右衛門にこう告げた。

「私はよしです。あなたに堕胎薬を飲まされ、お腹の子ともども死にました。あなたが憐れとも思わず、供養もしてくれないので怨みます」

こうして、よしの怨霊がみよに憑霊し、泣き叫ぶようになったのである。各地の霊場で怨霊退散の供養をおこなったが、霊験はなく、怨霊退散で名高い祐天を招いた。

祐天は病床のみよの側に座し、十念(「十念称名」の略。浄土宗では、信者に「南無阿弥陀仏」の名号を10回唱えさせることで、仏縁を得させる)を授けると、みよに憑依した霊があらわれて新右

衛門に対する恨みごとを語った。

　祐天は「どんなに人を怨んで家中を呪い殺したとしても、そなたの苦悩は止まない。人をとがめず、自分の罪を悔い、弥陀（阿弥陀の略）の本願（本来の願い。本懐）を頼みなさい。拙僧がそなたに代り懺悔し念仏してあげよう。仏の慈悲を信じて成仏しなさい」。

　すると、よしの怨霊はうなずきながらも、驚くべきことを告げた。つまり、新右衛門が別の女たちに堕胎させた15人の子の死霊も新右衛門を怨んでいるというのである。

　それは事実であった。祐天はただちに新右衛門に懺悔させ、追善の念仏を称えるとともに、よしを含む16人の死霊のために法名を授け、7日間の別時念仏（時日や期間を特別に決めて、念仏行者が「南無阿弥陀仏」の名号を唱えること）をおこなった。

　その後、よしの霊がみよの口を借りて祐天に成仏したことを述べ、みよの病気も本復したという。

　祐天が信者の求めに応じて書き与えた名号の掛け軸は、魔除けなどの利益があるといわれている。

修験者

古来からの山岳信仰と仏教・神道・道教などと融合して成立した修験道では、密教呪法を基礎に他宗教の術を加味した修法を駆使した。

修験者と祓魔の起源

修験道の成立と興隆略史

　　日本古来の山岳信仰と神道、仏教、道教、陰陽道などが習合して成立した日本独特の宗教が修験道である。修験者は護摩を焚き、陀羅尼や真言などを誦し、祈禱をおこない、山中で難行や苦行を重ね、霊験を修得することを目的として励んできた。基本的には密教をベースにして神にも仏にも仕えている宗教者が修験者である。

　　いずれにせよ、山岳修行によって身心を鍛錬することで、神仏の加護を得て、超自然的なパワーが獲得可能とされている。そのパワーを武器の源泉として、呪術的かつ実践的な活動をおこなうことこそが、修験者の本分なのである。

　　したがって修験道の歴史には、その当初から修験者が種々の《魔》と戦い、それを調伏してきた歴史が重なっているといえる。

　　修験道には仏教における釈迦のように特定の教祖はいない。けれども、伝統的に役小角（634？〜706？）を開祖としている場合が多い。

　　山岳は神霊が棲む他界として敬われてきた。奈良時代に仏教や道教の影響を受けた人たちのなかには山岳で修行し、陀羅尼や経文を唱えて呪術宗教的な活動をおこなう者もいた。

　　その山林修行者の1人が役小角だった。傑出した存在だったの

で、修験道の開祖と目されるようになったわけだ。

　平安時代には最澄や空海も山岳に籠って修行したことから、それにならい、密教僧たちも山岳修行をおこなった。それによって加持祈禱で霊験をあらわすことが顕著な密教僧を修験者と称するようになった。修験者の別称が山伏なのは、山に伏して修行したことにちなんでいる。そうした修験者としては真言宗小野流の祖の聖宝（832〜909）や比叡山の回峰行（比叡山の40キロの山道を期間を決めて毎日歩き通す修行）を創始した相応（831〜918）などが有名である。

　修験者は奈良県吉野の金峯山や大峯山などの霊山で修行したほか、貴族などの御嶽詣で（大和国の金峯山へ参詣すること。平安時代に貴族社会で流行し、宇多法皇〈867〜931〉は昌泰3年〈900〉と延喜5年〈905〉に御幸した。「大峯入り」「行者参り」「みたけまいり」ともいった）や熊野詣で（紀伊国の熊野三山〈本宮・新宮・那智〉に参詣すること。熊野参詣。平安後期から鎌倉前期にかけてのいわゆる「院政時代」に上皇・法皇が熊野詣でを企てることが多くなった。白河上皇〈1053〜1129〉は10回御幸している）の先達（「せんだち」とも読む。信者などを修行のために霊山に導く指導者）を務めた。

　中世から近世初頭にかけて天台系の聖護院（京都市左京区。白河上皇から増誉〈1032〜1116〉寛治4年〈1090〉に賜った寺。名称は聖体護持から取られた。本山修験宗の総本山）を本拠とした本山派と、醍醐寺三宝院（京都市伏見区。醍醐寺の塔頭で醍醐寺14代座主・勝覚〈1057〜1129〉が永久3年（1115）に創建。応仁の乱で焼失し、豊臣秀吉〈1536〜1598〉が再興した。真言宗醍醐派総本山）を拠点とする当山派の2派が確立した。そのほか、出羽三山、富士山、木曾御嶽山、白山、立山、石鎚山、英彦山など全国各地の霊山を拠点にした修験教団も成立して活況を呈するようになった。

　山中で鍛え上げた超人的な身体能力を持ち、遊行によって山野などの地理に通じていた修験者は、中世後半から戦国時代を中心にして戦乱が起こると、武装集団化して暗躍。甲賀や伊賀などの忍者

とも密接な交流があったといわれる。

　江戸幕府が修験道法度を定めたため、全国の山伏は本山派か当山派のどちらかに属さなければならなくなった。

　各地を遊行していた修験者は定着するようになり、加持祈禱などを積極的におこなった。このころになると、呪力獲得とは別に、自然との一体化による即身成仏を重んじる傾向が強くなった。

　明治維新後、神仏分離令にともない、修験道は政府によって禁止された。これにより本山派の修験者は天台宗、当山派の修験者は真言宗に所属させられたのである。なかには扶桑教、実行教、丸山教などのように修験道の教義を神道化して再編し、教派神道になった場合もある。教派神道系の修験道は神人一体を主目的としている。第2次世界大戦後には修験教団の独立が相次ぎ、現在に至っている。

修験者の戦闘術

　既述のように、修験者は神道や密教、それに道教などの影響を受け、独自に発展してきた。であれば、それらの宗教に根ざした呪法のエッセンスを体得して駆使できる存在でもあるということだ。
　実際、修験者は九字や陀羅尼などを用いて、調伏や憑き物落とし、病気治しなどをおこない、多くの人々に支えられてきた。
　ようするに、状況次第では一切の悪魔を破却させるほどの霊的破壊力を持っているのが修験者なのである。

●九字法

　修験者のもっとも有名な呪法は九字法だろう。
　九字法は、魔物を退散させたり、悪い因縁を解消できると信じられている。この実践法は、刀印を結び、九字の呪文「臨・兵・闘・者・皆・陣・列・在・前」を唱えながら、九字を切るというものだ。刀印は手剣ともいい、人差し指と中指を伸ばし、ほかの指を丸めた形である。
　九字切りに熟達すれば、悪鬼や怨霊を身辺から遠ざけ、あるいは迫りくる災厄から身を守ることができるとされている。
　九字法のルーツは道教にある。4世紀の中国(東晋)の道士葛洪『抱朴子』「内篇・登渉」(巻十七)に九字について書かれている。それによると、入山の時に唱えるべき「六甲秘祝」として「臨兵闘者皆陣列前行」と出ている。ようするに本来は護身法の一種であった。
　九字法には諸法あるが、早九字とも呼ばれるものが一般的である。
①「臨」と唱えて空中に横線を引く。
②「兵」と唱えて空中に縦線を下ろす。
③「闘」と唱えて「臨」のときの下に横線を引く。

④「者」と唱えて「兵」のときの右で縦線を下ろす。
⑤「皆」と唱えて「闘」のときの下に横線を引く。
⑥「陣」と唱えて「者」のときの右で縦線を下ろす。
⑦「列」と唱えて「皆」のときの下に横線を引く。
⑧「在」と唱えて「陣」のときの右で縦線を下ろす。
⑨「前」と唱えて「列」のときの下に横線を引く。
　九字の1字ごとに印形を変えておこなう九字法もある。
①「臨」と唱えて金剛鈷印（独鈷印）を組む。
②「兵」と唱えて大金剛輪印を組む。
③「闘」と唱えて外獅子印（げしし）を組む。
④「者」と唱えて内獅子印（ない）を組む。
⑤「皆」と唱えて外縛印（げばく）を組む。
⑥「陣」と唱えて内縛印（ない）を組む。
⑦「列」と唱えて智拳印（ちけん）を組む。
⑧「在」と唱えて日輪印（にちりん）を組む。
⑨「前」と唱えて隠形印（宝瓶印）（ほうびょう）を組む。

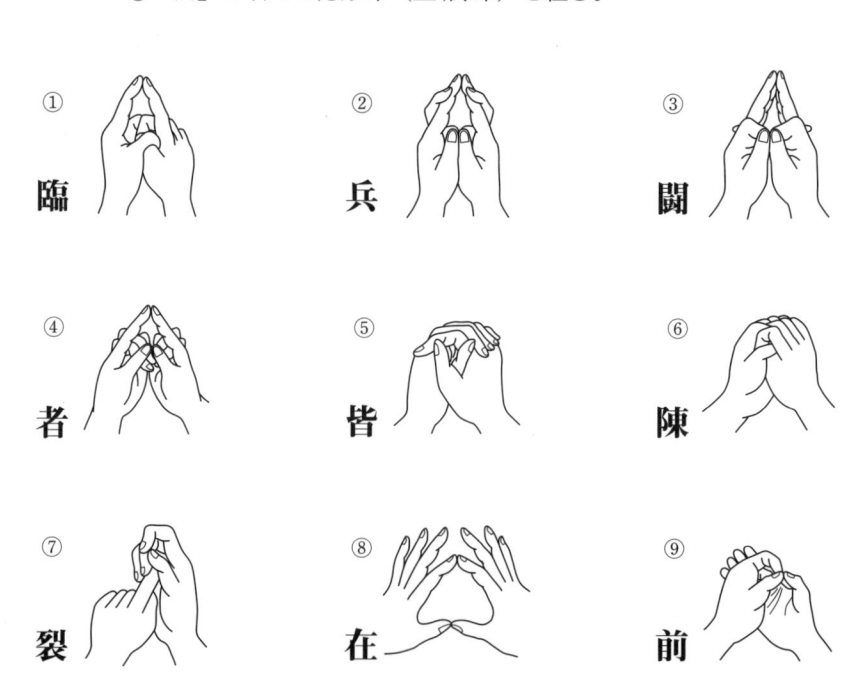

①臨　②兵　③闘
④者　⑤皆　⑥陣
⑦裂　⑧在　⑨前

別に九字法の1つを紹介しておこう。刀印を結び、「臨」と唱え、刀印を結んだまま腕を右上から左下へ斜めに振り下ろし、次に「兵」と唱えて左上から右下へ斜めに振り下ろす。そのあと「闘」と唱えて、右上から左下へ斜めに振り下ろす。このように「臨・兵・闘・者・皆・陣・列・在」まで相互におこなったあと、最後に「行」を唱えながら、真上から真下へ振り下ろす。

● **九界切開法**

これは現実世界において空間の四方四隅中央の九界を切ることによって悟りの世界（仏界）へと導く方法である。刀印とともにすべて「エイ！」という雄叫びだけで差し支えないとされる。コツは全身に神気を満たし、指や声にも霊気と生気がほとばしれば、悪しき気は圧倒されて雲散霧消するという。

● **不動金縛法**

不動金縛法は不動尊を本尊として怨敵を調伏するものである。不動尊が持つ索で、悪霊や生霊、死霊や動物霊などまでの障碍をなす霊を呪縛し、調伏して除災招福をはかるのである。これは修験者が護身法で不動尊と一体化し、悪霊などを呪縛する印を結び、真言を唱えて降伏させるというものである。

不動金縛法には諸法あるが、簡略な方法としては『不動経』を読経し、九字を切り、転法輪印を結び、「緩くともよもやゆるさず縛り縄、不動の心あるに限らん」と唱える。そして呪縛印を結んで五大尊の印明を誦し、「オンビシバシ・カラカラ・シバリソワカ」を5回唱えるのである。

● **柴燈護摩**

密教の護摩同様、修験道でも護摩を修法する。柴燈護摩（本山派は「採燈護摩」と表記）は屋外で井桁に組んだ護摩木を焚いて祈る。天下泰平・万民豊楽を祈願するのが基本だが、戦争のときには怨敵調伏や敵国調伏を祈ったりもした。調伏祈禱のときには不動明王、孔雀明王などを本尊とする。

●白刃加持

　何かに憑依されているとか、原因不明の祟りなどを除くためにおこなう呪法が白刃加持である。日本刀などの抜き身を使用するもので、真剣加持や八剣の禁厭などとも称されている。抜き身が原則であるが、銃刀法の制約があるため、模造品や木刀などで代用される。

　祟られている人の病状に応じて短刀か長剣を用い、場合によっては両方を使用することもある。平素は白鞘におさめて神床に安置しておく。病人の家で使用する場合は仮の神壇を設置し、灯明、洗米、塩と水などの供物を供えて、修験者は八剣大神を白刃に勧請し、病人が治るように祈念する。

　その後、修験者は白刃を右手に取り2拝1揖し、気合いを掛けたのち、病人の患部を目掛けて、その寸前まで切り下ろすか突き刺すようにする。

　修験者には本気で病根を切り殺すという意気込みが必要とされる。いきおいや動作が激しければ激しいほど大きな効果があるとされている。ときには病人が驚いて気絶する場合もあるが、気がつくと治っているという。危険をともなう加持法であるため、修験者は剣道の心得がなければやってはならないといわれている。白刃加持は3年ほど山に籠り鍛錬すれば、卓効があるとされる。

●影針紙剣法

　妖魔を祓ったり、霊的な病気を治したり、怨霊を除く呪法として針や釘などを用いておこなう場合がある。針や釘は、槍や刀剣などの武器の象徴とされる。

　悪人を呪詛するためにおこなう影針紙剣法である。修験者が病人と相対して座して修祓（「しゅばつ」「しゅうふつ」とも読む。お祓いのこと）や招神式をおこなったのち、白い紙を用意し、右の人差し指と中指を合わせて伸ばしてその紙に「八握剣霊」と空書する。次にそれを剣先形に折るのである。これを紙剣と称する。

　その後、紙剣に八握剣神を勧請して入魂する。次に修験者はこの

紙剣に自分の気を吹き込んでから、これを別の紙に包んで病人の頭から足まで全身をさする。

そのあとで、針を祈念し、紙剣に気合いを掛けて、その針を突き刺す。それから紙剣と病人に気息を吹き掛け、祈念する。

最後に紙剣は、南に突き出た桃の木の枝を取り、それに針と一緒に糸で結びつけて川か海に流すのである。

●少彦名命の影針

神道系の修験で「少彦名命の影針」と呼ばれているものも、影針紙剣法の1つだ。病者が快癒することを祈願してから、和紙などで人形を作り、それを病者とみなして、頭を患っていれば頭を、胸が病気であれば胸を針か釘、あるいは紙剣を刺す。それを病人の布団のうえにおいて、再び祈念する。

●呪詛返しの秘法

呪いの術をおこなっている敵に対して呪術的に逆襲する秘法が修験道の世界にある。その1つがこれである。

まず紙で人形（ひとかた）を作り、そこに「三本文士八五水 急 急 如律 令 年を経て身を妨ぐる荒見前（あらみまえ） 今は離れて本（もと）の 社（やしろ）へ」と書き入れ、「アビラウンケン・バンウンタラクキリクアク」の陀羅尼を唱え、憑依霊を人形に移す。

その人形を別の紙で包み、梵字のボロンを書いて封じ、川などへ流す。

流すときには「川の瀬に祈り続けて祓うれば雲の上まで神ぞのぼりぬ」の呪歌（じゅか）を唱えるとさらに効果が倍増するという。

●呪符

霊符、護符などともいう。不動明王などの崇拝対象の超自然的な力を付与しているとされるもの。特定の場所に貼りつけたり、身につけたり、飲み込むことで、霊的障害を治したり、除災招福にもなる。

修験者の服装&アイテム

修験者が使用する修験用具は、時代によっても異なるが、入峰修行に際して必要不可欠な装束などが整えられるようになり、江戸時代には定まったものとみられている。

頭襟を額につけ、笈を背負い、引敷（敷き物）を腰に装着し、法螺や錫杖を手にするという修験者の姿は、険しい山道を抖そう（修行）したり、悪獣や毒蛇などから身を防御したり、呪術的な儀式や祈禱をおこなうのにもっともふさわしいスタイルとして進化したものなのであろう。

そうした修験者の用具は、修験十二道具、あるいは修験十六道具と呼ばれている。後述するように道具の1つ1つに密教的な意味づけがなされている。また道具が一揃いととのうことによって修験者はその験力をいかんなく発揮できると信じられている。

●修験十二道具と修験十六道具

修験十二道具は①頭襟、②班蓋、③鈴懸、④結袈裟、⑤法螺、⑥念珠（イラタカ珠数）、⑦錫杖、⑧笈、⑨肩箱、⑩金剛杖、⑪引敷、⑫脚絆——からなる。

以上の十二道具に檜扇（「ひおうぎ」とも読む）、柴打、走縄、草鞋を加えたものが修験十六道具である。

それ以外にも、太刀、長刀、法弓、斧、閼伽桶、水瓶、小木取、壇第木、小打木、花盤、鈴、誓海、本尊などがある。

以下に十二道具など主なアイテムを紹介する。

①頭襟

修験道で用いられる頭巾で、通常は六角の黒漆塗りの小頭襟を紐で額に結びつける。実用的には頭部、特に額を保護する役目を果たしているだけでなく、水を汲む用具にもなる。『修験道修要秘決』によると、頭襟は大日如来の五智の宝冠を模したもので、その形は「宝珠」で

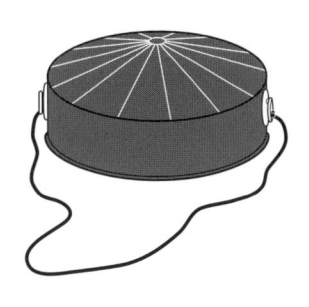

あり、五智円満の総体をあらわしている。そのため、頭襟は「五智宝冠」や「五仏宝冠」とも称される。これを装着することにより、五智如来の守護が得られるとされている。

　一般的には宝珠形の頭襟を使用するが、ほかに長頭襟、折頭襟、不動明王の八葉蓮華の宝冠を模した頭襟などの種類もある。

　長頭襟は裏頭襟とも称される。長頭襟は5尺（約152センチ）の長さの布を螺髪型にして前結びにして包むタイプと、8尺（約242センチ）の長さの布を後ろ結びに包むタイプがある。5尺は五智宝冠を、8尺は八葉宝冠を象徴している。

②班蓋

　日光や雨をしのぐための円形の蓋（笠）である。檜笠ともいう。班蓋はきわめて機能的で、雨天には笠の目が膨張して詰まるので雨を漏らさず、日差しが強ければ風通しをよくして熱中症を防御するという。

　蓋の周囲は5尺（約152センチ）で、これは五位円満の相を、径の1尺6寸（約33センチ）は十六大護菩薩をあらわすといわれる。

　班蓋は仏堂の天蓋の代わりでもある。天蓋は仏や高貴な人などを守護するものである。つまり修験者が班蓋を被ることで、内外の障害や災いを防ぐ意味がある。

③鈴懸

　修験者の法衣である。平常時は袖をたくしあげて胸元で結んでおき、祈禱や儀式などのときに着る。鈴懸には柿衣・摺衣・浄衣・乱衣の4種類がある。柿渋で染めた柿衣は魔除けになるとされ、入峰のときなどに着る。藍の汁などを摺りつけて染めた摺衣は不動明王を象徴する。浄衣は白色無紋の法衣で、神道系の行者用。散り

乱れた模様の乱衣は新客（初入峰者）用である。

鈴懸は9枚（金剛界九会(くえ)の象徴）の布で作るのが制式とされる。これに8枚（胎蔵(たいぞう)界八葉の象徴）の布でつくった摺袴(はかま)をセットにして着用すれば、修験者は金胎(こんたい)不二(ふじ)の境地に達すると意義づけられている。

④結袈裟

　山中を移動しても邪魔にならないように首に掛けやすくした袈裟である。九条袈裟・十界具足(じゅうかいぐそく)袈裟・不動袈裟とも称する。この袈裟のなかに除魔などの呪文を書いた霊符を織り込んでいる場合もある。

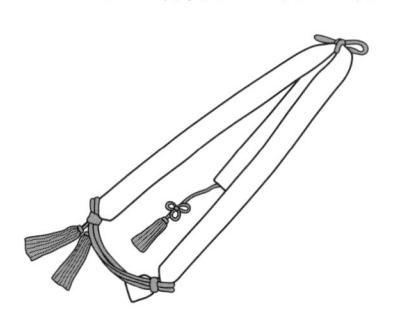

結袈裟 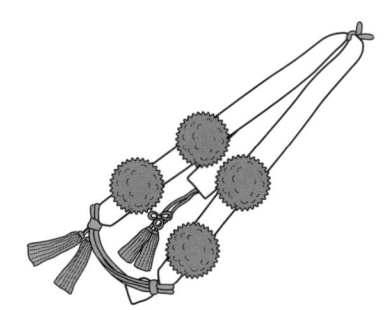　　　　　　　梵天結袈裟

⑤法螺

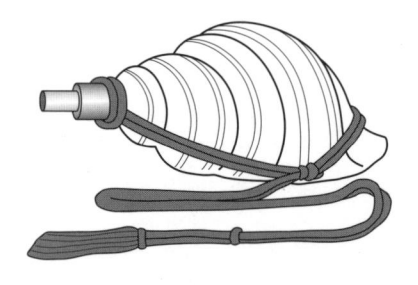

　山中修行や儀式などの合図として利用するほか、その音色で悪獣を恐れさせたり、妖魔や悪霊の接近や侵入を防いだり除去したりする呪術的な意義もある。密教的には、加持した法螺の音を聞けば、諸々の重罪が滅せられて天上界に生まれることができるという功徳がある（『不空羂索神変真言経（ふくうけんじゃくしんぺん）』）。

⑥念珠

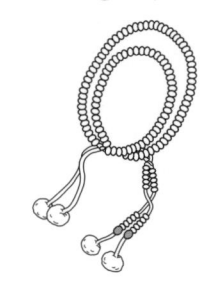

　数珠のことである。修験道の場合、イラタカ念珠と呼ばれるものを用いる。珠は算盤の玉のような形をしており、揉んで音を鳴らしたりもする。その音は魔除けになる。煩悩即菩提（そく）の象徴とされる。

⑦錫杖

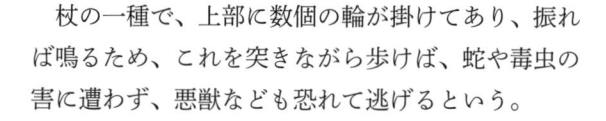

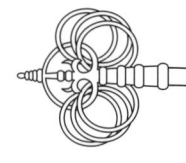

　杖の一種で、上部に数個の輪が掛けてあり、振れば鳴るため、これを突きながら歩けば、蛇や毒虫の害に遭わず、悪獣なども恐れて逃げるという。

⑧笈

　荷物を背負って運ぶ道具である。山伏笈ともいい、これには先達が用いる縁笈（しょう・ふち）と、新客が使う横笈（よこ）の2種類がある。

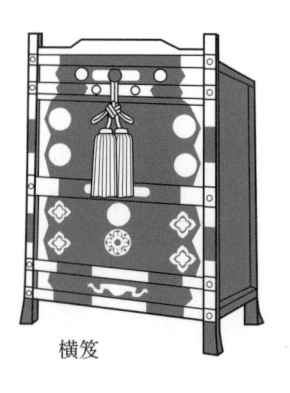

横笈

⑨肩箱

　笈のうえにおいてにつける小箱で、虚心合掌（きょしんがっしょう）の形を象徴しているという。

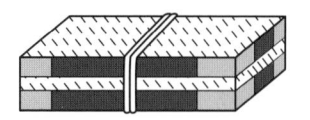

⑩金剛杖

　これも杖の一種であるが、こちらは独鈷杵に擬してつくられたものとされる。金胎不二の塔婆を象（かたど）っているという説もある。

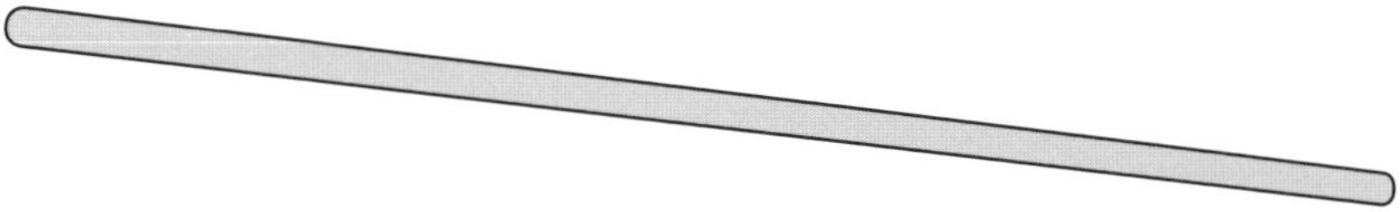

⑪引敷

　修験者の座具で、鹿やウサギなどの毛皮で作られている。山のどんな場所でもすぐに座れるように工夫された敷皮である。

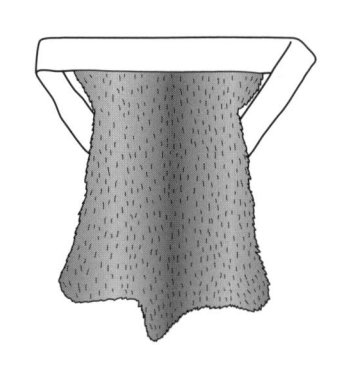

⑫脚絆

　険しい山中や野山を歩きやすくするために脛（すね）にまとう布である。虫除けにもなる。修験道には筒脚絆（つつ）と剣先脚絆（けんさき）の2種類がある。筒脚絆は胎蔵界をあらわし春の順峯（じゅんぶ）（「大峯山奥駆け」と呼ばれる山岳修行のために、修験者が熊野から大峯山系に峯入りし、吉野へ行をしながら75か所の霊地を踏破・巡拝する。本山派の修験者はこのコースをとった）で使い、剣先脚絆は金剛界をあらわし秋の逆峯（ぎゃくぶ）（順峯とは逆に吉野側から行をしながら大峯山系を縦走して熊野に至る。当山

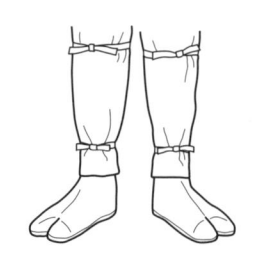

派の修験者がこのコースをとっていたが、中世以降は逆峯のほうが圧倒的に多くなった）のときに用いる。

● 入峰斧

　本来は山林深く分け入ったり、道を切り開く道具として、また猛獣の襲来に対する武器としても使われた。今でも入峰時に先頭の修験者がこれを持って進む。密教的には迷いを断つ智徳（ちとく）を意味し、天地陰陽の和合といった密意もあるとされる。

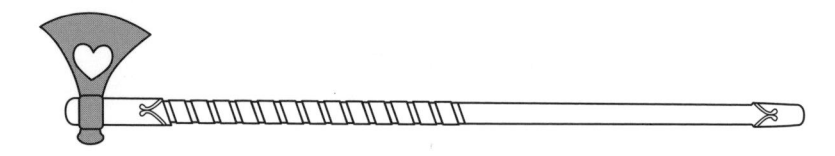

● 三鈷柄剣

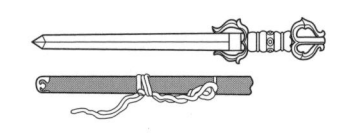

　入峰の際の携行品。三鈷は元来はインドの武器で、その三鈷を柄にした剣である。三鈷柄剣の呪術的な威力は抜群で、降魔祈禱のほか、道場をきよめたり、護摩用の乳木（にゅうもく）（汁気のある木で、桑・松・杉・檜などの生木を使う）をきよめる法具として用いる。

● 法弓

　諸魔退散に効験があるとされ、東西南北・中央・鬼門の方向に6本の矢を射る法具である。悪魔や邪霊、妖気、ケガレを祓うため弦を引き鳴らす鳴弦法でも使用。

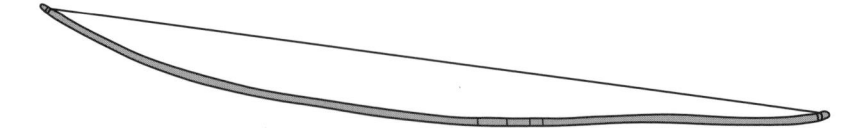

文徳天皇の憑き物落としの《秘密兵器》
相応
vs. 天狗

生没年 831〜918年
出身 近江国(滋賀県)浅井郡(長浜市・米原市)

　天台宗の行者が比叡山でおこなう有名な修行として千日回峰行(不動明王と一体化するために、比叡山の山内の東塔・西塔・横川などの霊地(峰)を7年間で1000日にわたって巡拝を重ね修行する)がある。これをはじめたのが相応だ。不動信仰(不動明王の信仰。もともとはインドの神であったが、空海〈弘法大師〉の入唐によって日本にもたらされた)などに基づき、峰入(大峯入りの略)の影響を受けて成立したもので、比叡山無動寺(大津市)を拠点に山内から坂本や京都に至るコースを巡拝、行中には参籠や断食もおこなうという難行苦行である。

　近江国(滋賀県)浅井郡に生まれた相応は、15歳で比叡山に登り、その後、円仁(794〜864)を導師として得度(出家)受戒し、12年の籠山修行に入るなど、修行の鬼でもあった。

　そのためか、邪気を祓うことにかけては卓越した効験を示している。たとえば、天安2年(858)に西三条女御(藤原多賀幾子・文徳天皇〈827〜858〉女御。?〜858)に「霊気」が憑いておかしくなった。霊気はこの場合、物の怪のことである。

　天台修験屈指の相応が呼ばれて、その験力で対決したところ、さしもの霊気も屈服して退散し、さすがは相応という評判が高まった。

　貞観7年(865)、文徳天皇の女御の染殿皇后(藤原明子。829〜900。清和天皇〈850〜880〉生母)が天狗に取り憑かれて精神に変調を来した。有験(祈禱・祈願に効き目のある)の僧が次々に憑き物落としの呪法をおこなったけれども、まるで効果がみられない。染殿に憑依した天狗は誇って「諸仏の出世以外、誰も我を降

伏させることはできまい。今こそ我の力を思い知るがよい」と叫ぶ始末であった。

　文徳天皇が《秘密兵器》として相応を召した。

　相応は2日間加持を勤修したが、天狗の圧倒的な呪力の前に圧倒されてしまったのである。

　力を発揮できず、ひとまず本坊に引き上げた相応は、無動寺の不動明王に祈り続けた。すると、どうしたわけか、明王は相応に背を向けて西を向いた。そこで相応が座を西に移動して明王に対座すると、今度は明王が東を向いたという。明王に合わせて相応が東に座を移動して対面したところ、その瞬間に明王は南を向いたというのである。

　南に座した相応は涙を流しつつ、弾指（許諾・警告・歓喜・忌避の合図として指をはじくこと）し、深く身を屈して拝し「この相応は不動明王様を無二の心で久しく帰敬（「ききょう」とも読む。仏などを信心して尊敬すること）して参りました。私になにかとがあるのでしょうか。どうして背かれるのでしょうか。願わくは神慈を垂れて、天狗を落とす方法を示したまえ」と訴えた。

　そしてひざまずいて合掌し、真言を唱え、明王と目を合わせていると、いつの間にか夢現の状態となり、明王のお告げが聞こえてきた。

　明王が言うには、昔、紀僧正（紀真済のこと。800～860。空海の高弟の1人で、高雄僧正・柿本僧正とも呼ばれる）が存命中に我が不動の真言を熱心に唱えて活躍していたが、邪執を持ったために天狗道に堕し、染殿皇后に取り憑いて病気にしている。汝がいくら我が不動の真言を唱えても天狗も同じく唱えているので、呪縛することはできない。しかし、大威徳明王法（五大明王の1つ大威徳明王に祈る調伏法。大威徳明王は文殊菩薩が姿を変えたもので、西方を守護する。この法をおこなえば、悪魔の降伏、悪人・法敵の調伏が可能で、呪殺の際にも用いられた）を修すれば必ず天狗を降伏させることができよう──。

　この教示を得た相応は感激して涙を流し、不動明王に礼拝供養した。翌日、宮中に参入した相応が大威徳明王呪を唱えて加持すると、天狗は呪縛されて2度と取り憑くことはなかったという。

なお、相応は貞観8年（866）に奏請（「そうしょう」とも読む。天皇に申し上げて裁可〈決定〉を求めること）して最澄に伝教、円仁に慈覚の大師号を賜った。これが日本における大師号の嚆矢（はじまり）である。

2代の天皇に仕えた護持僧の恐るべき呪力
増誉
vs. 腫れ物（呪詛）

生没年 1032〜1116年
出身 山城国（京都府）平安京（京都市）

　増誉は京都・聖護院の開山として名高い。大峯山や葛城山などで修行を積み、白河・堀河天皇（1079〜1107）の護持僧（「御持僧」とも書く。天皇の身体護持のための加持祈禱僧。延暦16年〈797〉の最澄が最初で、天台・真言2宗の僧から選出された。清涼殿の二間に夜間詰めるので夜居僧ともいう）として活躍した。

　寛治4年には白河上皇の熊野詣での先達を務めている。この功績により増誉は初代の熊野三山検校（熊野本宮・熊野速玉・熊野那智3大社の統轄者の役名。白河上皇時代の増誉にはじまり、幕末の検校宮入道信仁親王〈1856〜1872。北白川宮智成親王〉まで続いた）に任命され、全国の修験者を統轄する責任者となった。

　増誉の験力は異常なほど強かったとされる。

　全国から相撲取りが集まってきて天皇の前で相撲を取る相撲の節会という儀式が毎年7月におこなわれていた。鳥羽天皇がはじめて相撲を見物することになった。

　すると、ある相撲取りが取り組み前に「今日は相撲を取れません」といってきた。驚いてわけを聞くと「今朝になって急に腫れ物ができたのです。お見苦しくて恐縮ですが……」といい、胸を見せたのである。

　乳のあたりが紫色になって腫れ上がっている。しかも耐え難いほ

ど痛むらしい。

　誰が見ても、取り組みができる状態でないのは明らかだった。ちょうどそこに居合わせたのが増誉である。桟敷を賜って見物していたのである。

　取り組みを楽しみにしていたのは増誉も同じだった。

　「微力かもしれませんが、三宝加持を修してみましょう」と増誉はきっぱりと告げた。三宝加持とは、仏法僧の三宝の加護を祈る祈禱法である。

　増誉が印を結んでなにやら真言を唱えていた。そのうちに、腫れ物がどんどん治まっていくではないか。腫れは嘘のように引いて治ってしまったのである。結局、その相撲取りは土俵に上がって勝つことができたという（『古事談』）。

　これには後日談があり、ある陰陽師が式神の術（「式神」は「しきじん」とも読み、「識神」とも書く。一種の鬼神を使役する術のこと。式神を絵画化したものもあるが、変幻自在な姿を取って、陰陽師の護衛や命じられて人の監視にあたった）をおこなって急病にして休静させようと呪っていた。それを増誉が見破り、験力で呪詛を駆逐したというわけである。

鳥羽天皇の護持僧が現出した霊験の数々
行尊
vs. 物の怪

生没年 1057〜1135年
出　身 山城国（京都府）平安京（京都市）

　園城寺（三井寺。大津市）で出家、密教を学んだ行尊は、17歳で修行に出て18年間帰洛せず、大峯山・葛城山・槇尾山・熊野山といった霊山で錬行し、名うての修験者となった。増誉のあとを継いで熊野三山検校に補任（官職の任命、あるいは位階の授与）されたことからも、その実力がうかがいしれよう。

鳥羽天皇の護持僧として、多くの霊験をあらわしたが、そのいくつかを紹介しよう。

白河法皇の養女・藤原璋子（1101〜1145。藤原公実の娘、崇徳〈1119〜1164〉・後白河天皇〈1127〜1192〉の生母）が鳥羽天皇に入内（「にゅうない」とも読む。皇后・中宮・女御予定者が、正式に内裏〈皇居〉に入ること）したときに物の怪が取り憑いたが、これを調伏している。また、鳥羽天皇の皇子君仁親王が生まれてすぐに呼吸不全に陥り急死したところ、祈禱で蘇らせてもいる（『今鏡』）。

本寺の住坊ではじめて不動護摩（不動明王を本尊として壇を設け、乳木などの護摩木と呼ばれる薪を井桁状に組み、点火してそのなかに供物〈五穀・切花・丸香・薬種など〉を投じて、諸々の願いを成就することを祈る真言密教の修法）を修したときに、不動明王の使者（護法童子＝仏や権現〈明神〉・修験者を守護し、その命令に従う童子姿の鬼神。護法天童ともいう）があらわれ、種々の秘法を伝授されたという。

その後、大峯山に35日間ただ1人で籠って経を読み、呪を唱えていると大豪雨となり濁流が押し寄せた。わずかに残された岩上に蹲居（「そんこ」とも読む。つま先立ちで膝を開き、背筋を伸ばしたまま深く腰を下ろした姿勢）し、このままでは大水に流されてしまうと思ったが、仏法のためには不惜身命（仏法のために身命も惜しまず捧げること、もしくはそうした決意や態度）と心得て声高く読経していると、美麗な容貌の童子が2人出現し、行尊の脚を持ち上げてくれたので流されずにすんだ。驚いて経を読むのを止めると童子はいない。夢かと思い、再び本尊を念じながら目をつぶると、また前のように童子が見えて守ってくれたという（『古今著聞集』）。この童子は不動明王の脇侍（「きょうじ」とも読む。本尊の左右または周囲に控えている仏像で、本尊によって配される脇侍は決まっている。「脇士」「脇立」ともいう）である矜羯羅童子（「金伽羅」「緊羯羅」とも書く。不動明王の脇にいる八大童子の1つ。合掌して独鈷杵を親指と人差し指とで挟む姿をしている）と制吒迦童子（「制多迦」「勢多迦」とも書く。不動明王八大童子の1つ。性

第2章　日本のゴーストハンター

修験者の事件簿

悪を象徴し、像は右手に金剛棒、左手に金剛杵〈三鈷杵〉を持って怒った姿をしている）であったらしい。

行尊がやはり大峯山で修行中、養母麗景殿の女御（藤原延子。後朱雀天皇（1009〜1045）の女御。1016〜1095）が重病となり余命いくばくもない状態となった。使いがきて「見舞ってほしい」と要請した。

すると、行尊は「我は三宝（仏教における3つの宝、仏〈悟った人〉・法〈仏の教え〉・僧〈仏の教えを信奉する僧侶もしくは教団〉のこと）の加護を頼み奉っているので、恐れるものは何もない。これを食べさせれば、病気は必ず良くなる」といって柑子（ミカン）を加持し、使いにそれを持たせて帰した。女御が柑子を服用すると、たちまち平癒したという。

修験道の大先達として今も仰がれているのは当然かもしれない。

死者をも蘇生させた天才修験僧の法力
浄蔵
vs. 怨霊

生没年　891〜964年
出　身　山城国（京都府）平安京（京都市）

　平安中期の浄蔵も法力では天下無双の修験僧であった。平安末期成立の歴史書『扶桑略記』（皇円著）などによると、大学者三善清行（847〜918）の第8子だった浄蔵は、わずか7歳で護法童子法（仏法守護のために働く童子姿の鬼神を呼び出し使役する術）によって庭に咲いていた梅の枝を折ることができたと伝えられている。この霊験で父から出家を許されたというから早熟の天才であった。

　熊野山や金峯山で修行し、さらに強い験力を獲得した。

　たとえば、左大臣藤原時平に憑依した菅原道真の怨霊を一時的に呪縛している（『元亨釈書』など）。北野天満宮の由来・霊験を描いた鎌倉時代の『北野天神縁起絵巻』によると、三善清行が時平を

見舞ったときに、伏せている時平の耳から青龍が頭を出して「汝の息子(浄蔵)が我を調伏しているので、止めさせてほしい」と訴えた。父からこれを聞いた浄蔵が修法を中止すると、時平は死んだという。

また源融(822〜895。嵯峨天皇の皇子で清和・陽成朝で左大臣を長く務めた)の亡霊に恋い慕われて死にかかっていた藤原褒子(宇多法皇の御息所)を加持して亡霊を退散させ、褒子を生き返らせることもあった(『江談抄』)。

別に怨霊を取り押さえた話が平安後期の『拾遺往生伝』(三善為康著)に出ている。宇多院で浄蔵の師玄昭(846〜917)が修法中に紀僧正の死霊が、どういうわけか鵲の姿となってあらわれた。玄昭が打ち落とし、護摩壇で焼いた。だが、焼かれた紀僧正の怨霊は、玄昭に祟ったのである。そこで浄蔵が加持してその怨霊を捕縛したという。

もっとも有名なのは関東で乱を起こした平将門(?〜940)を調伏した話であろう。これは比叡山の横川で大威徳法(大威徳明王法の略)を奉修中、灯明のうえに矢をつけた平将門の姿が浮かんで見えたので、伴僧(法会・葬儀・修法などで、導師につき従う僧)や弟子たちが驚いていると、壇中から鏑矢(鏑をつけた矢。射ると大きな音響を発して飛ぶ)の音が聞こえ、平将門がいる東の方向へ飛んで行った。

その後、浄蔵が「もうすでに将門は討たれました。将門の首級が運ばれてくるはずです」と予言(『古事談』)。まさしくそのとおりになったのである。

COLUMN

現代のゴーストハンター

山田龍真

　北九州の修験の霊峰・求菩堤山(ぐぼてさん)を根本修行地として活躍している修験者に山田 龍 真(やまだりゅうしん)がいる。福岡県豊前市求菩堤の龍王院住職である。

　昭和16年（1941）、現在の東大阪市に生まれた龍真は、家業の鮮魚店を順調に経営していたが、27歳のとき、全身に激痛をともなう原因不明の病に倒れた。

　やむなく家業を捨て、福岡県行橋市(ゆくはし)に移り住み、丸塚法現(まるづかほうげん)という修験者に出会う。法現が山田龍真を加持して亡母の供養をおこなうと、1晩で快癒(かいゆ)した。この奇跡的な体験に感銘を受けた山田龍真は法現を師として出家得度して修行。39歳のときに伝法灌頂を受け、阿闍梨となった。

　それにとどまらず、さらに求菩堤山で本格的な荒行をはじめたのである。7日間即身成仏行（土中行）、千日回峰行・百日間 焼 百 万枚護摩行(しょうひゃくまんまい)などを 成 満(じょうまん)し、ついには修験者の最高の称号とされる「大行満(たいこうまん)」となった。

　その法力は並々ならぬものがあり、悪霊調伏はもとより、先祖供養や各種の祓い、邪霊除け祈禱などをおこなっている。また先祖と墓にまつわる霊 障(れいしょう)には恐ろしいものがあるとし、供養の大切さを強調している。霊障とは、霊の災いによって発生する原因不明の病気や体の痛みなどを指すという。

　難病・奇病に苦しむ人、あるいは事故が頻繁(ひんぱん)に起こる人などは霊障によるものが多いとされるが、その場合、基本的には護摩祈禱を修する。

　霊障かどうかを探る方法の1つに阿尾奢法(あびしゃ)がある。病人などに憑いている霊を霊媒に降ろして、その訴えを聞くという古来の秘法である。山田龍真は弟子を代(だい)（霊媒）としておこない、状態を判断し、しかるべく加持する。その法力により快方や改善に向かうことが多いといわれている。

　いずれにせよ、山田龍真は霊障などを起こしている霊の問題を加持祈禱で解決することに心血をそそいでいる。

陰陽師

中国道教系の呪術をベースにした陰陽師の修法は、密教・神道の要素も加味して進化し、既成の加持祈禱勢力に対抗する術となった。

陰陽師と祓魔の起源

陰陽道の理論と成立

　陰陽道の根本は宇宙の気の調和である。気に異常があれば、陰陽師が祓いや祈禱・呪文・呪符などの諸法で補正する。怪異な現象が兆したり起こったりした場合、吉か凶か、あるいはそのどちらでもないかを占断（うらないをして物事を判断すること）し、凶悪な魔が災いしていれば、防御するか、除去するか、退治する。それが難しければ、しずめる方向へもっていくなど、大難を防ぐべく最善を尽くすのだ。
　こうした呪術の力が9世紀のはじめころから陰陽師に求められた。
　陰陽師が急速に呪術化していったのは平安時代からであったが、それは怨霊や祟りが盛んに強調された時代風潮だったからである。魑魅魍魎が強調されれば強調されるほどそれを封じる呪法も発達したわけだ。
　陰陽道システムには気に関する根本理論をはじめ、陰陽五行説などがあるが、有能な陰陽師は道教・密教・神道・修験道などの効果的な呪術も陰陽道に摂合して活用した。
　陰陽五行説とは陰陽の2要素と木火土金水という五行の組み合わせなどで森羅万象の盛衰や吉凶禍福を読み取る理論である。
　陰陽五行説は厳密には陰陽説と五行説に分けられる。陰陽説は、世界は陰と陽の2種類の気の相互の変化で成り立っているというも

の。五行説は木火土金水の5元素の循環が万物生成の原理であるとするものだ。

ようするに陰陽説と五行説の組み合わせで天地の変異や世界や人事の吉凶などを説明することを陰陽五行説という。この陰陽五行説は古代中国で暦、医術などの理論的な基盤となった。

並行して天と人とが相互に感応・合一するという天人相応説、あるいは天の意志が前もって啓示などの形であらわれるという説とも結びつき、陰陽の気の調和を保つことが国を統治する者の責任であるとも考えられるようになった。

一方で陰陽五行説は易占や干支(十干と十二支)などとも結びついた。干支は暦を作成する際の基礎となり、方角や道教系の禁厭(まじない)などとも結びついた。

中国には陰陽五行説などをベースとした儒教や道教などはあったが、宗教としての陰陽道はなかった。つまり中国ではじめから陰陽道が成立していてそれが日本に入ってきたものではない。

中国から陰陽道のベースになるものが断片的に入ってきてそれが日本の朝廷を中心とした土壌で道教や密教などにかかわる禁忌や呪法の影響のもとに形成され、日本で確立した宗教が陰陽道ということである。

陰陽道と陰陽師の消長

そもそも陰陽道という名称が一般的になったのは10世紀以降で、ちょうど安倍晴明が活躍した時代のころとされる。誤解のないようにいえば、日本に陰陽寮(「うらのつかさ」「おんようのつかさ」「おんみょうりょう」とも読む。中央官庁の1つ中務省に属し、天文・暦数・報時・卜筮〈亀の甲羅と筮竹を使う占い〉をつかさどった役所。長官である陰陽頭のもと、陰陽博士・天文博士・暦博士・漏剋博士などが配属されていた)という官僚機構を正式につくったのは天智天皇(626〜671)ないし天武天皇(?〜686)とされる。陰陽寮はそのころから存在していたが、呪術的宗教家としての陰陽師の集団、あるいはその扱う職務を意味する言葉として定着したの

が10世紀以降なのであった。

律令制下の陰陽師や陰陽博士らは河臨祓(かりんのはらえ)をはじめ、七瀬祓(ななせのはらえ)、鬼気祭(ききさい)、泰山府君祭(たいざんふくんさい)などの多くの祭祀を創作する一方、天皇・朝廷・貴族の造作（建物を建てたりすること）や出行（外出・旅行）に際して日時・方角の吉凶禁忌の勘申(かんじん)、怪異や病気の占いなどをおこなった。

それによって仏教や神道と並んで、陰陽師を中心とする宗教的形態がととのえられたのである。

陰陽道の成立に指導的役割を果たしたのが賀茂忠行(かものただゆき)（？～960？）と保憲(やすのり)（917～977）の父子や、安倍晴明であったことはいうまでもない。彼らは密教系や道教系の経典なども参考にして従来の陰陽道の祭祀を積極的に変革して進化させていった。その理由は加持祈禱に絶大な力をもっていた密教勢力に対抗しなければならなかったためである。同時に天皇や貴族を襲う悪霊や魑魅魍魎などが急増し、それらを呪術的に処理するには従来の方法では対応しきれなくなったため、新しい陰陽道の流れや枠組みを創出し、陰陽道の主導権を掌握しようとした。

実際、この賀茂と安倍の両氏が陰陽寮の主要官職を占めるようになり、陰陽道宗家として朝廷・貴族・武家に奉仕することになる。

江戸時代には安倍家の後裔の土御門家が幕府から陰陽道の支配を許され、諸国に散在する民間陰陽師を統轄するなど陰陽道界を事実上独占した。

一方、民間陰陽師は中世から多数存在していた。民間陰陽師であっても真に実力があれば貴族などからその能力を見込まれて陰陽道系の呪術をおこなうことも多々あった。

明治維新にともない、明治3年（1870）に陰陽寮が廃止され、その2年後には陰陽道自体が政府によって禁止されたため、土御門家の陰陽道宗家としての権威は没落した。

戦後、天社(てんしゃ)土御門神道本庁（福井県大飯(おおい)郡おおい町名田庄(なたしょう)）が土御門家の陰陽道の再興を期して活動している。民間陰陽師の流れとしてはイザナギ流（高知県香美(かみ)市物部(ものべ)）の太夫(たゆう)などが知られている。

いずれにせよ、現代では安倍晴明ブームによって陰陽師が再び脚光を浴びている。

陰陽師の戦闘術

　　　　陰陽道の呪法は時代によっても変化している。中国の道教系の呪法を基本にしているが、密教や神道などの要素がミックスされている場合も多い。

●祓いとしずめ

　　　　陰陽道の呪法は複数あるが、その中心が、祓いとしずめといってよい。祓いは罪・ケガレ・災いなどを取り除くことである。ケガレは邪気・鬼気・呪詛、悪霊などのマイナス要素を含んでいると考えられている。9世紀半ばころから陰陽師がケガレを強調するようになり、同時に祓いという呪法が盛んにおこなわれた。ケガレのなかでもっとも強烈なのが死穢(しえ)、つまり死にともなうケガレであった。死穢の祓いは清浄を尊ぶ神道では手におえないため、10世紀以降、陰陽師がほとんど独占したとされている。最悪のケガレを祓いきよめる技術は、陰陽師だけが持っているとされたためである。

　　　　しずめは陰陽師が呪文や祭文などの霊的な方法でマイナス要素を鎮圧して災いにならないようにする働きかけで、一種の呪縛術ともいえる。また、地鎮祭に代表されるように鎮(しず)め物を用意して地中に埋めたり、供え物を供えて、その土地の神や精霊を祭り、無事を祈願する場合もある。

●隠形術

　　　　ケガレた場所には悪鬼や邪鬼、悪霊や死霊などが群れており、きわめて危険であると考えられている。悪鬼などの災いを避ける呪法に隠形術がある。

　　　　隠形術(いんぞう)は呪文と印相・手の動きや指の組み合わせによって悪霊などから自分の姿を見えなくするもので、これは道教系の方術や遁甲(とんこう)術に由来している。

賀茂忠行が隠形術をおこなって百鬼夜行から身を守った話がある。ちなみに密教でも尊勝陀羅尼を唱えたり、摩利支天の印を結んだりして、自分の姿を隠して身を守る方法がある。

●式神

陰陽師が使役した鬼神＝霊的存在で、陰陽師の命令に従って動くとされる。つまり、陰陽師が式神に命じて、自他を守護したり、あるいは他者を攻撃したりする。

陰陽道の式神のルーツとしては六壬式盤に由来する十二神将という説が有力視されている。最高レベルの陰陽師は、他者の式神ですら自己の従属下におき、自由自在にコントロールできるとされている。

●呪詛返し

呪いの式神を使って相手を呪殺しようと企てた者に対する逆襲の秘法。この呪詛返しをおこなうことにより、その式神は呪殺を仕掛けた者に跳ね返っていく。呪詛をおこなった陰陽師はこのように逆襲される危険にさらされているため、護身法でガードすることを怠ってはならないとされた。

●鬼気祭や霊気道断祭

鬼や死霊を解除するための強力な呪法としては、鬼気祭がある。藤原実資（957〜1014）の日記『小右記』によれば、永延2年（988）7月4日、鬼に祟られた実資の娘のために安倍晴明が鬼気祭をおこなったという記録がある。鬼気祭から派生した祭祀として死霊の祟りを防ぐ霊気道断祭もある。

●泰山府君祭

泰山府君は人の生死、寿命、福禄をつかさどるとされる中国山東省の泰山（五嶽の1つの東嶽）の神である。その泰山府君をベースにして日本で10世紀初頭に成立した祭りで、天皇や貴族らのために延命・除病・攘災を目的としておこなわれた。仏教とも習合し、その本地は地蔵菩薩という。

●天曹地府祭

　平安と延命を祈願する1代に1度限りの大祭。陰陽道ではもっとも重要な祭祀とされる。天皇の即位にともない、安倍家の後裔の土御門家が私的な祭りとしておこなった。通例では「天曹地府祭（てんそうちふ）」と記す。

　天曹地府は、天地五行相生を祭るという意味で、泰山府君や十二冥官（じゅうにめいかん）を勧請し、天下泰平と万民安全の基（もとい）を天の代わりに祈誓するものである。

●撫物と人形

　ケガレは病気や死の原因になるとされる。ケガレにもレベルがあり、小は日常生活の営みから生じたもので、最大のものは死穢であった。

　神道でも大祓（おおはらえ）などで人形が利用されているが、陰陽道でもケガレを祓う呪具として人形を使用する。ケガレがある者はこの人形に息をかけ、身を撫（な）でたのち、それを陰陽師に渡す。陰陽師はその人形をその人の本身と見立てて祈禱し、ケガレを祓った。

　ケガレを移した人形を、川などの水流に投じたり、地中に埋めたり、焼却して祓うこともある。人形の代わりに当人の衣類、鏡や櫛などを用いる場合もある。

　身に付着したケガレを移す人形などの呪具を撫物（なでもの）ともいう。人形は現在は紙製のものが一般的であるが、かつては金属や木片で製作されたものもあり、金属製の人形を金人・銀人・鉄人、木製の人形を木人と称した。

　金や銀などの金属の人形は大陸に由来する。人形を利用した祓いは国家行事として年に2回の天皇の大祓の儀式でおこなわれていたが、9世紀半ば以降は貴族など個人的にもおこなわれるようになった。それだけケガレの観念が一般化していったといえる。

●九字と呪文と呪符

　悪魔や幽霊などを退散させる呪法として九字がある。九字は修験道の項目でも述べたように、道教系の呪法にルーツを発し、「臨兵

闘者皆陣列在前」という呪文を唱えつつ、四縦五横に切ったり、印を結んだりすることよって祓魔や除災が得られるとされる。

陰陽道特有の九字には「朱雀・玄武・白虎・勾陳・帝后・文王・三台・玉女・青龍」と唱えるやり方もある。身固めや反閇などの際にも九字を唱えたりもする。

陰陽道の呪文としては「急急如律令」が一般的だ。陰陽師が唱えるだけでなく、呪符や護符などにも記されている。「急急如律令」のルーツは、中国漢代の公文書の末尾に書かれた常套句に由来し、本来は「急いで律令の如くおこなえ」という意味である。急急如律令の呪文は密教や修験道などでも用いられている。

呪符にはセーマン（五芒星のこと。「晴明桔梗紋」ともいう。安倍晴明を祭る京都市の晴明神社の神紋）やドーマン（四縦五横の線からなる。修験道で使う九字〈早九字〉と同形。平安時代の民間陰陽師・蘆屋道満の名にちなむともいう）などの魔除けなど多種多様なものがある。

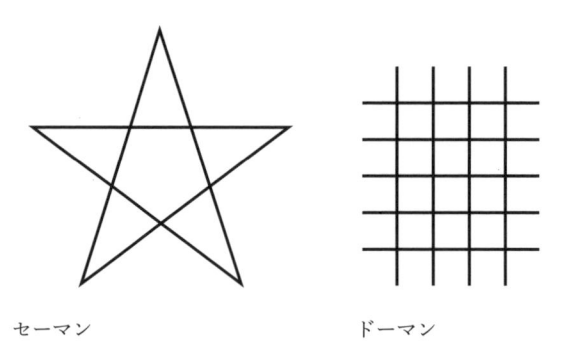

　　　　セーマン　　　　　　　　ドーマン

●身固め

陰陽道における護身法の一種で、自分や関係者の身体の安全を祈っておこなう呪術的な作法である。

これは身体に直接おこなうことを基本とする。天皇への身固めは、陰陽師が天皇に直接身固めをするのは恐れ多いため、天皇の衣類を借り受け、その衣類に身固めを施すのが原則であった。

安倍晴明の身固めの方法として『宇治拾遺物語』によると、晴明は少将を抱きかかえながら1晩中呪文を唱えて加持している。そ

れによって少将は命を救われたという。

●反閇

身固め同様、陰陽道独特の護身法である。反閇は六甲術ともいう。天皇の出御の際などに先立ち、陰陽師が邪気を祓い除くために結印し呪文を唱え、独特の歩調で地を踏みしめて歩み、安泰を祈願することである。この大地を踏みしめる独特の所作を禹歩とも称する。禹は中国夏の聖王で、その呪術的な歩行法にちなむともいわれるためである。

反閇は天皇家や貴人に対してだけでなく、鎌倉、室町、江戸幕府の将軍などの外出時などにもおこなわれた記録がある。

土御門家の反閇では灯を燃やし、水・米・大豆・胡麻・粟・麦・酒などをまき散らす散供もおこなわれた。それらをまき散らすことにより、悪魔やケガレや災厄を祓うこともできるという。

小反閇の次第は次のとおりである。

①まず外出する便門（都合のよい門のこと）に向かい、事由（理由）を玉女神に申し上げる。
②次に五気を観じ、3度天鼓をたたき（上下の前歯を3度噛み合わせ）、目思にのぞむ（観想する）。
　そうすると、肝（きも。肝臓）中の青気は左耳より出て青龍となって左に控え、肺中の白気は右耳より出て白虎となって右に控え、心中の赤気は頂上（頭の上）より出て朱雀となって前に控え、腎中の黒気は足元より出でて玄武となって背後に控え、脾（脾臓・膵臓）中の黄気は口中より出て、黄龍となって頭上に控える。
③勧請呪を唱える。
「南无陰陽本師、龍樹菩薩、提婆菩薩、馬鳴菩薩、伏儀、神農、黄帝、玄女、玉女、師曠、天老、伝うる所の此の法は益を蒙ることを乞うなり。天判地理、早に験貴を得しめ給え。急々如律令」
④天門呪を唱える。

「六甲六丁、天門は自ずから成り、六戊六己、天門は自ずから開くる。六甲の磐垣、天門近くに在り。急々如律令」

⑤地戸呪を唱える。

「九道は開塞し、我を追う者の来ること有らば此れによりて極棄す。車に乗して来るは其の両軸を折し、馬に騎して来るは其の目を暗し、歩行して来るは其の足を腫し、兵を揚げて来るは自ずから伏せしめ、敢えて赴かず。明星、北斗、敵を万里へ却す。我を追うを止めざらば、牽牛須女、江海を化成す。急々如律令」

⑥玉女呪を唱える。

「甲上玉女、我が身を護り来り、百鬼をして我を中傷せしむること無し。我を見るは以って束薪と為す。独り我門を開き、自ずから他人門は閉ず。急々如律令」

⑦刀禁呪を唱える。

「我は此れ、天帝の使者なり。執持しむる所の金刀は不祥を滅せしむ。此の刀は凡常の刀に非ず、百練の鋼なり。此の刀ひと度下さば、何の鬼か走らざらん、何の病か癒えざらん。千殃万邪、皆伏死亡。吾今刀下す。急々如天帝太上老君律令」

⑧四縦五横呪を唱える。

「四縦五横、禹は道を除き蚩尤は兵を避くを為す。吾をして遍く天下を周し、故郷へ帰還せしめよ。吾に向かうは死し、吾を留むるは亡す。急々如律令」

⑨禹歩のステップを踏む。

（謹請して、天蓬、天内、天衝、天輔、天禽、天心、天柱、天任、天英の九歩の順番で歩む〈具体的には、神仏にこい願いつつ［＝謹請］、「天蓬」と唱えて左足を踏み出し、それに右足を引きつけて揃える。次に「天内」と唱えて右足を踏み出し、左足をこれに引きつけ揃える。今度は「天衝」と唱えて左足を踏み出し、それに右足を引きつけ揃える。以後も「天輔」「天禽」「天心」「天柱」「天任」「天英」と唱えて、左・右・左・右・左・右の順に足を出しては反対の足を引きつけ揃える動作を繰り返す〉）

⑩禹歩立留呪を唱える。

「南斗、北斗、三台、玉女、左が青龍は万兵を避け、右が白虎は不祥を避け、前が朱雀は口舌を避け、後が玄武は万鬼を避くる。前後輔翼、急々如律令」

⑪六歩のステップを踏む。

（乾坤・元亨・利貞。〈剛日には右足を先立つなり。柔日には左足を先立つなり〉）

（十干を日に配当して、剛日＝十干の奇数番〈甲・丙・戊・庚・壬〉＝陽日＝兄にあたる日は、「乾坤」と唱えて、右足を踏み出し、左足をこれに引きつけ揃える。次に「元亨」と唱えて、左足を踏み出し、右足をこれに引きつけ揃える。「利貞」と唱えて右足を踏み出し、左足をこれに引きつけ揃える。柔日＝十干の偶数番〈乙・丁・己・辛・癸〉＝陰日＝弟の日には「乾坤」と唱えて、左足を踏み出し、右足をこれに引きつけ揃える。以下、「乾坤」「利貞」と唱えて、右・左の順に同じ動作をする）

禹歩のステップ

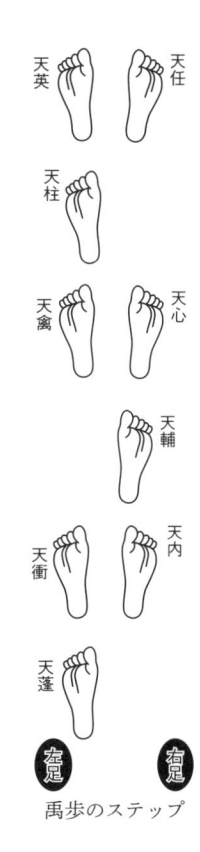

● **方違え**

不吉とされたり悪いとされる方角を避けて他所に移ってしばらく宿る（籠る）などして方位に関する凶運を除いたり、吉運へと転じたりする呪術的な作法である。平安時代に貴族社会で盛んにおこなわれて流行した。

● **太上神仙鎮宅霊符**

道蔵『太上秘法鎮宅霊符』に源流があるとみられる72種の護符である。これを祭れば、家内安全、無病息災、寿命延長、厄除けや悪魔除けなど諸事万般にわたって守護されるという。この霊符をつかさどる神を鎮宅霊符神という。星辰信仰の一種である。

陰陽師の服装&アイテム

陰陽師の服装は、時代や位階により変遷や違いもあるが、平安中期以降のいわゆる公家の正装である衣冠束帯(いかんそくたい)で表現されることが多い。つまり、貴族の男性が朝廷で着用する最高の礼装としての束帯のほか、略式の装束としては衣冠の姿である。

中世の民間の法師陰陽師は僧侶と同じ僧服を着用し、儀式中には紙の冠を被っていた。

近世の陰陽道(土御門神道)を継承しているとされる天社土御門神道本庁の場合は神社神道の神職と同様の衣装である。

現代に生きる陰陽師の一種ともいわれる高知県のイザナギ流の太夫は祭典時には紙垂(しで)を垂らした笠などを被り、浄衣に袴を着用している。

なお、現在で陰陽師を名乗っている宗教家のほとんどは儀式のときに平安時代の公家の日常着を正装として着ている。

● 衣冠束帯

具体的には衣冠は冠を被り、上衣である縫腋(ほうえき)の袍(ほう)を着用し、袴の一種である指貫(さしぬき)をはくのが通例だ。その際は下着の一種である下襲(したがさね)や袍の腰を束ねる帯(石帯(せきたい))を着けない。通常は笏(しゃく)の代わりに檜扇を持つが、神事に限っては笏を持つ。

衣冠

束帯は袍をはじめ、胴衣の半臂、束帯用の下着である下襲、内着の衵、下着の単、束帯用の袴である表袴という重ね着のスタイルで、表袴の下にはく袴の大口、石帯、足袋の一種の襪、靴（または浅沓・深沓・半靴）などからなり、冠を被り、帖紙（懐紙）を懐に入れ、笏を持つ。

束帯

●日常の普段着

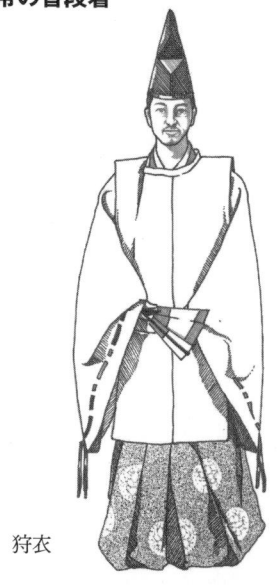

狩衣　　　　　水干

陰陽師の日常の普段着としては衣冠の袍と同様の上衣である直衣、動きやすい略服の狩衣（「獦衣」「猟衣」「雁衣」とも書き、「包衣」とも呼ばれた。古代・中世、公家が常用した略装〈武家は正装

に使用〉。狩猟用の衣服にはじまったのでこう呼ぶようになった）に指貫か差袴(きしこ)をはいたり、常用服の水干(すいかん)や水干袴などを着ていた。

● 具注暦と七曜暦

いずれも暦本である。『具注暦(ぐちゅうれき)』は奈良・平安時代を中心に用いられた暦で、暦日の下にその日の吉凶や禁忌などを詳しく注記したもの。序・本体・跋(ばつ)の3部構成で、序には1年の日数や月の大小や歳徳(とく)（1年の福徳をつかさどる歳徳神のいる方角。万事をおこなって大吉の方角で、『具注暦』では十干で示される）・大将軍などを記している。本体は上段に日付・干支・納音(なっちん)（十干と十二支を組み合わせた60とおりの周期に、五行を配当して分類し、海中金などの名称をつけたもので、30ある納音を人の生年にあてて運勢を判断する）・十二直(じゅうにちょく)（建(たつ)・除(のぞく)・満(みつ)・平(たいら)・定(さだん)・執(とる)・破(やぶる)・危(あやう)・成(なる)・収(おさん)・開(ひらく)・閉(とず)の12語。十二客(かく)ともいう）などを記し、中下段には日時や方角の吉凶のほか、二十四節気(にじゅうしせっき)（太陰太陽暦で太陽が西から東へ天球上を1年で移動する黄道を24等分し、その分点に位置するときに季節の名称を与えたもの。小寒から冬至までの24ある。1節気は15日ほど）・七十二候（太陰太陽暦の二十四節気の各1季を3等分ずつしたものを1候とするので、1年は七十二候となり、1候は約5日にあたることになる）などの季節に関する暦注を記載している。『具注暦』の欄外には宿曜(すくよう)（二十八宿と七曜(しちよう)）も記される。『具注暦』に記されたこれらの情報を暦注(れきちゅう)といい、その暦注によって吉凶を判断することを暦占(れきせん)と称する。

『七曜暦』は日月や五星の毎日の位置や運行を記したもので、これによって天文占(てんもんせん)がおこなわれた。

●式占で用いる式盤

　陰陽道の式占には六壬・遁甲・太一・雷公の4種類があり、いずれも専用の式盤を使用。つまり、六壬式盤、遁甲式盤、太一式盤などがある。

　式盤は四角い形をした地盤の上に丸い天盤が重なっている形をしており、天盤を中心にして占う道具である。古代から中世にかけて陰陽寮の陰陽師が式盤を用いていたが、陰陽寮の廃止などにより江戸時代までには失われた。

　現在は研究家によって一部が復元されている。怪異が起こったときに天意を占う六壬式盤の場合、天盤の中央に北斗七星、天盤の外側には十二月将などが、地盤には十干・十二支・二十八宿などが記されている。六壬式盤の正式な材質は天盤が楓（マンサク科フウ属）、地盤がナツメとされる。

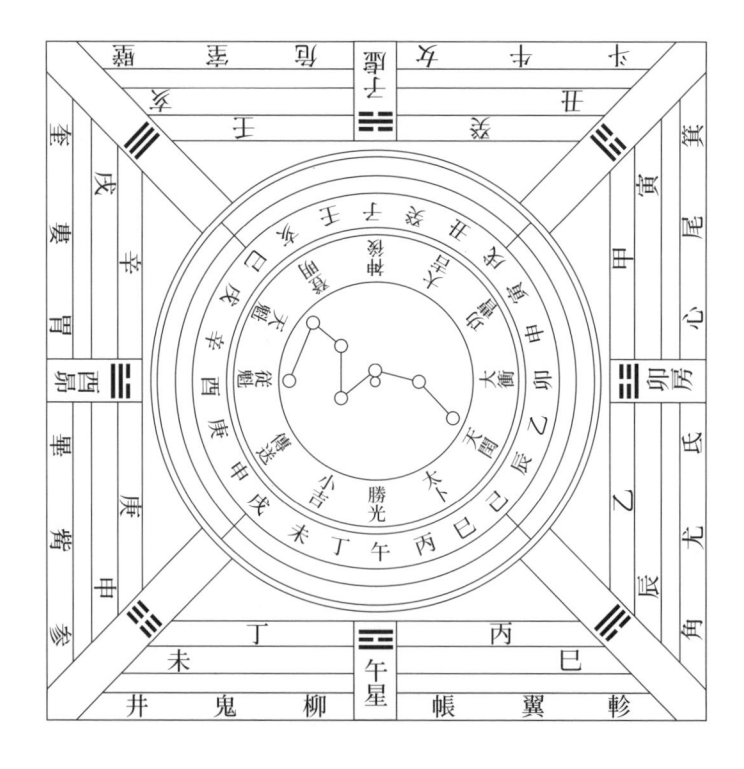

● 渾天儀

　中国漢代あたりから用いられたとされる天体の運行と天の変異を観察するための観測器械で、陰陽寮でも使用した。金属性の環を同心に組み合わせて天を象り、その中心に地球をおき、天の極を通る中心軸の周囲を回転できるようにしたもの。渾天儀を「玄象の器物」ともいう。

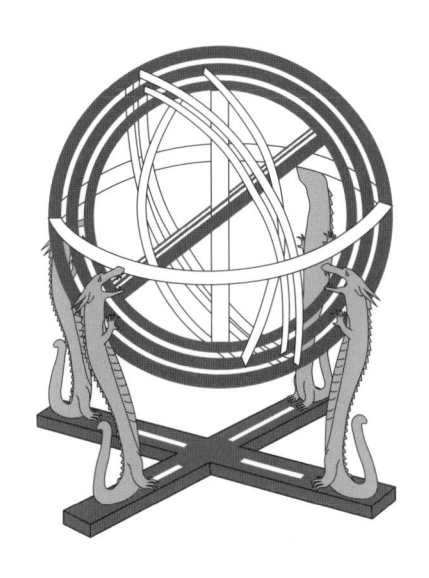

● 秘書

　いわゆる宮廷の陰陽師の門外不出、他見厳禁の秘密の書である。これには式占の方法を記した『太一』『遁甲』や天文の運行などに関わる『天文書』などがあった。これらは国家や天皇などの枢機や運命にかかわるものであったため、悪用されないように秘書とされたのである。

● **河図洛書や易書**

　　陰陽師の参考書である。河図は伏羲の時代、黄河にあらわれた龍馬の背中の旋毛の形状を写したとされる図で、八卦（「はっか」とも読む。周易で使われる、陰〈--〉陽〈-〉の図象〈爻〉の3つの組み合わせ〈三爻〉でできる8種の図形〈おのおの乾・兌・離・震・巽・坎・艮・坤と呼ばれる〉）。八卦の2種ずつを組み合わせると周易の基本六十四卦が得られる）のもとになったといわれる。洛書は中国夏の王・禹が洪水を治めたとき、洛水に出現した神亀の背の文様を写したと伝える図とされ、『書経』の「洪範九疇」（洪範編に述べられた政治道徳の9原則で、五行・五事・八政・五紀・皇極・三徳・稽疑・庶徴・五福の9つ）の原図ともいう。易書は占書の類で、代表的なものには『易経』や安倍晴明の撰著『占事略決』などがある。

● **人形**

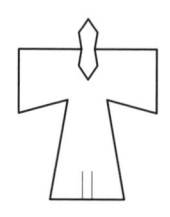

　　厄除けや息災の呪具。陰陽師の戦闘術のところで詳述したので参照されたい。ケガレを祓ったり祈禱のときに用いる形代である。材料は金属、木、紙などでつくる。基本は紙製で川に流してケガレを祓いきよめる。本人または相手の髪の毛や爪、衣服などの断片を形代につけて祈禱をおこなう場合もある。

紙人形

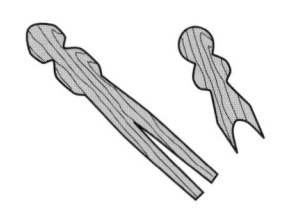

木人形

●縄

　土御門神道本庁で厄除けのために用いる。右巻き（右縄）と左巻き（左縄）に縒った2種類の縄がある。右縄の端を口にくわえ、右手だけで縄の縒りをほぐしたのち、左縄の端を口にくわえて左手だけを使って縄をほぐす。その後、両方の縄で全身を撫でてから川へ流すのである。

●霊符・呪符

　道教系の呪文や特定の記号などを紙や木片などに記したもので、神秘的な霊応があるとされ、用途に応じて身につけたり、家に安置したりする。

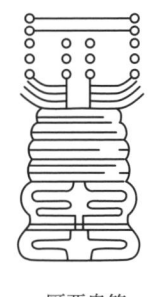

厭悪鬼符
（悪鬼を避けることができるとされる）

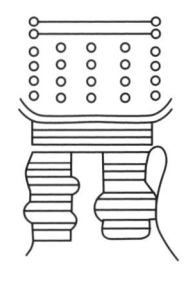

厭鎮凶悪之鬼符
（凶悪な鬼がもたらす
さまざまな災いを除くとされる）

悪霊になったかつての弟子と戦った陰陽師
吉備真備
vs. 藤原広嗣

生没年 695〜775年
出身 備中国（岡山県）下道郡（倉敷市真備町）

　奈良時代屈指の学者であった吉備真備は、陰陽道の学をきわめた達人である。近世には陰陽道の秘伝書『三国相伝簠簋内伝金烏玉兎集』（以下『金烏玉兎集』と略す）などの伝来者ともみなされていた。

　吉備地方の下道氏の出身であるが、のちに同地方の有力豪族であった吉備氏に改めた。吉備地方といえば、古来より陰陽道が盛んな土地柄として有名だ。

　霊亀2年（716）遣唐留学生となり、翌年に法相宗（中国唐の玄奘三蔵〈？〜664〉の弟子・窺基〈632〜682〉が大成。日本には白雉4年〈653〉に入唐した道昭〈629〜700〉により斉明天皇6年〈660〉に伝えられた）の僧玄昉（？〜746）と入唐した。

　唐では儒学・律令・礼学・軍事などを学び、『唐礼』などの経書（四書・五経など儒教で特に重視される経典の総称。経典〈儒家経典〉ともいう）や、『大衍暦経』『大衍暦立成』などの天文暦書ほかの貴重典籍を日本にもたらした。

　聖武天皇（701〜756）や光明皇后（701〜760）の庇護を得ていた吉備真備は、光明皇后の異母兄であった右大臣・橘諸兄（684〜757）に玄昉と一緒に重用されたのである。

　当時、藤原不比等（659〜720）の孫に藤原広嗣（？〜740）という人がいた。高貴な血筋であり、人柄も悪くはなかったので出世した。

　そのうちにきわめて野心的になり、知謀などにも優れて万事に通じるようになり、一方で吉備真備を師として政治の枢機を学んだ。

　この藤原広嗣、玄昉が光明皇后に昼も夜も寵愛されているという噂を大宰府（律令制で、筑前国太宰府におかれた地方官庁。九州

および壱岐・対馬を管轄し、また、外交・海防などにあたった）で聞きつけ、次のような文書を提出した。

「天皇の后が僧玄昉を寵愛されているので、世の誹りを招いている。すぐに止められるべきである」

これにいたく立腹したのが聖武天皇だった。

「藤原広嗣は朝廷のことをよく知りもしないくせに、反旗を翻した極悪の朝敵である。ただちに討つべし」

と言って、大野 東人（？～742）を大将軍として追討軍を派遣した。

これを知った広嗣は激怒して挙兵し迎撃をはかった。世にいう藤原広嗣の乱である。朝廷内の真備と玄昉の影響を除き、藤原氏を再興することが目的だったというのが定説である。

東人らは豊前（福岡県）の板櫃川（北九州市小倉北区）で広嗣の軍勢を破り、肥前（長崎県）の値嘉島で広嗣と弟の綱手（？～740）を捕らえて斬殺したようである。

平安末期の説話集『今昔物語集』などによれば、広嗣は天を翔けるように速い龍馬に乗り、朝鮮半島へ逃げ延びようとしたが、結局、追手から逃げられず、馬とともに海に沈んだ。大野東人は広嗣の遺骸を捕らえて、その首を切り落したともいう。

その後、広嗣は悪霊になり、天皇を恨み、玄昉を恨んだのである。

玄昉の前に赤い衣を着て冠を被った悪霊としてあらわれ、にわかに玄昉を摑むと、空中に飛び上がり、上空で玄昉を目茶苦茶に殴りつけ四肢をもぎ取ってから投げ落した。そのために玄昉の弟子たちがバラバラになった玄昉の遺体を拾い集めて葬ったという（太宰府市の観世音寺境内北西隅に、玄昉の墓〈胴塚〉とされる宝篋印塔がある）。奈良市高畑町にある頭塔は、奈良興福寺唐塔（唐院）へ落ちてきた玄昉の頭部を埋めたものとされる。

しかし、その後も広嗣の悪霊はしずまらずに祟った。

これを恐れた聖武天皇は悪霊調伏のために白羽の矢を立てたのが、吉備真備である。

「吉備大臣（吉備真備）は広嗣の師である。すみやかに広嗣の墓へ行ってその祟りをしずめなさい」

と命じた。

その宣旨(天皇の命を伝える文書)を受けた吉備真備は、広嗣の墓前で慰霊の言葉を掛けると、とんでもないことが起こったのである。

広嗣の悪霊が真備に憑依しはじめたのだ。

このままでは完全に憑依されてしまう、とあせったが、どうにもならない。しかしすんでのところで、真備は死力を振り絞った。「陰陽の術をもちて、わが身を怖れなく固めて」(『今昔物語集』)、慰霊の秘術を尽くしたので、ついに悪霊の祟りは止んだという。

ようするに真備は陰陽道をきわめていたので、身固めの法で悪霊の侵入を阻止することができたようだ。また、平安後期の説話集『江談抄』や鎌倉初期の『吉備大臣入唐絵詞』によれば、真備は在唐中に阿倍仲麻呂(698〜770。霊亀2年真備・玄昉らと遣唐留学生として入唐し、客死)の霊と霊的交流ができたと伝えており、シャーマン的な気質だったことをうかがわせている。

乱後は大宰府が一時停止されたり、聖武天皇が遷都を繰り返すなど、広嗣が与えた影響は少なくなかった。

ちなみに広嗣の霊は、その後、神となって「鏡の明神」とも呼ばれた(唐津市鏡山に鏡神社が鎮座)。真備の墓と伝える吉備塚(吉備塚古墳)が奈良教育大学の構内にある。

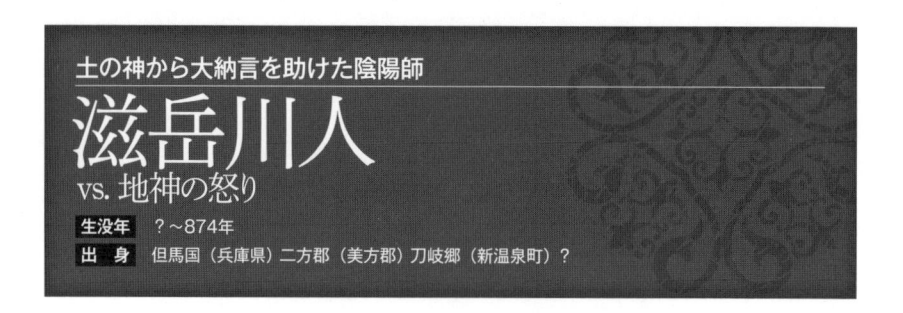

土の神から大納言を助けた陰陽師
滋岳川人
vs. 地神の怒り

生没年 ?〜874年
出身 但馬国(兵庫県)二方郡(美方郡)刀岐郷(新温泉町)?

陰陽頭(陰陽寮の長官)兼陰陽博士(陰陽師を教育する役人)滋岳川人は、平安前期を代表する陰陽師の1人で、その陰陽の秘術は当代一と称された。刀岐直の出身で、斉衡元年(854)に滋岳朝臣の氏姓を賜り、貞観16年(874)に逝去した。『世要動静経』『滋川新術遁甲書』などの陰陽書を著したが、残念ながらのちに失

われたため、内容は不明である。

　文徳天皇陵の選地の際に地神（土の神）の襲撃を受けたものの、呪を唱えて逃れたという逸話がもっとも名高い（『今昔物語集』）。

　文徳天皇の死去（858）にともない、御陵の土地を選定するため、大納言安倍保仁（793〜859）がその任にあたり、陰陽道大家の滋岳川人も同行した。

　御陵の選定後の帰り道で、現在の京都市伏見区深草北付近で、滋岳川人は大納言に我々のあとを地神が追いかけてきていると漏らした。

　大納言は恐れて「なんとか助けてくれ」と懇願した。

　「今となってはうまく身を隠すしかありません」と滋岳川人は言い、他の同行者たちを先行させ、大納言と川人だけがあとに残った。

　その間に夜も更け、川人は馬を放つ一方、大納言を座らせると、刈り取った穂を大納言の身体が見えなくなるまで積み重ねた。そして小声で呪文を唱え、その周囲を何度も巡ったあと、自らもその刈り穂の山のなかに入り込んでうずくまり、「これで大丈夫かと存じます。あとは絶対に声を立てずに息を潜めていて下さい」と大納言に告げた。

　しばらくすると、大勢の足音が近づき、通り過ぎたと思われたが、すぐに戻ってきた。そして、この世の者とは思われぬ怪しい声で「このあたりで馬の足音が軽くなったはずだ。土の下を1、2尺（約30〜60センチ）ほど掘り下げて入念に探してみよ。逃げおおせるはずはない。かの川人は陰陽の術の優れた奴ゆえ、姿が見えぬよう、細工をしたとみえる。隈なく探してみよ」と命じた。

　やがて「どうしても見つからん」など声が聞こえ、主人と思われる声が「逃がしてしまったか。だが、今日は隠れたとしても、絶対に逃がさぬ。いずれ大晦日の真夜中に必ず奴らを探し出せ。されば一同の者、その夜に集まれ。今はこれまでだ」というと、足音はすべて遠ざかった。

　その後、2人は走って逃げた。

　やがて大晦日の日がきた。川人は大納言のもとに出向くと、「絶対に人に知られぬようにして、暗くなってから1人で二条と西の大宮大路の辻にきて下さい」と教えた。

大納言はそのとおりに約束の場所へ出かけた。そこで川人と落ち合い、一緒に嵯峨寺へ行った。
　嵯峨寺へ着くと、2人は御堂の天井のうえへ登った。川人は陰陽道の呪文を唱え、大納言は手に印を結び、口に真言を誦し、心に本尊を観じるという、三密の行を修した。
　そのうちに真夜中となり、気味の悪い臭いをともなった風が吹き渡った。地響きがして何かが通り過ぎて行く気配がしたが、じっとうずくまっていると、夜明けを告げる鶏が鳴いたので、2人は天井から下りた。
　「今はもう恐れることはありません。この川人が護身させていただきましたので今回の災難を免れることができたということをご承知おき下さい」と川人がいうと、大納言は川人を拝んで家路についたのである。

殺人を防いだ占断名人の夢判断
弓削是雄
vs. 伴世継の悪夢

生没年　ー
出　身　播磨国(兵庫県)

　占断にかけては名人的な平安時代前期の陰陽師が弓削是雄である。播磨国(兵庫県)の出身で、河内国（大阪府南東部）を経て平安京で活躍。仁和元年（885）に陰陽頭となる。
　貞観5年（863）ころの話である。平安末期の説話集『今昔物語集』によると、弓削是雄は近江国司の求めに応じて大属星（その人の運命を支配するという星で、生年によって決まっている）を祭る仕事で近江国の勢多（瀬田。古くは「勢田」とも書いた。滋賀県大津市）の宿に泊まっていた。
　ちょうどそこに穀倉院（平安時代、京都にあった朝廷の穀物倉庫）の使いとして東国に行って帰る途中の伴世継という男が同宿

した縁で知り合いになった。

是雄は世継に尋ねた。

「どちらからこられました」

「仕事で東国に下っていましたが、これから京に帰るところです」

こうしたとりとめもない世間話をして2人とも就寝した。その直後、世継は悪夢を見た。胸騒ぎがして是雄に尋ねた。

「悪い夢を見ました。幸いあなたが陰陽師ということなので、夢の吉凶を占っていただけませんか」

是雄が占って言った。

「明日は家に帰らない方がいいでしょう。あなたを殺そうとしている者が家にいます」

これを聞いて世継はこう言った。

「長い間留守にしていたため、ここでまた何日も過ごすことはできません。なんとか凶難を逃れる方法はありませんか」

「どうしても明日家に帰りたいというのであれば、こうしてください。あなたを殺害しようとしている者は、家の丑寅（北東）の隅に隠れています。そこで、家に着いたら、油断せずに、弓に矢をつがえて、丑寅の隅の場所にその弓矢を向けて次のように言ってください。

《おのれ、私が東国より帰宅するのを待って、私を殺害しようとしていることはもう分かっているぞ。射殺されたくなければ、すぐに出てこい。さもなければ射殺す》とね。そうすれば、自然とことが発覚するはずです」

世継は翌日急いで京に戻った。

家に帰り着くと、家の者は「お帰りになった」と言って騒いでいる。

世継は持参の荷物を皆片づけさせると、弓に矢をつがえて、丑寅の角を見た。そこには薦が掛けてあった。弓矢を狙い定めて、教えられたとおりに威嚇した。

すると、薦のなかから法師が出てきた。すぐに従者に法師を捕まえさせて問い詰めたのである。はじめのうちは言い逃れをしていたが、脅しつけると、ついに観念して白状した。

「もう隠し立てはしません。私の主人の僧が長年あなたの奥方と

深い関係にあり、奥方が「今日主人が帰宅するので必ず殺してほしい」と仰せられました。そこで、ここに隠れておりました。ところがあなたはすでにご存じであったため恐れ入っている次第です……」

　これを聞いて世継は自分の果報を喜んだ。偶然同宿した弓削是雄のおかげで命をまっとうできたというわけである。是雄のいる方を向いて拝んだ。

　その後、世継は法師を検非違使（「けんびいし」とも読む。平安時代初期に設置され、京都の治安や犯罪・風俗の取り締まりなどを担当した朝廷の機関で、室町時代まで存続）に引き渡し、妻を離縁したということである。

兵乱鎮圧の法さえ知っていた安倍晴明の師匠
賀茂忠行
vs. 平将門＆藤原純友

生没年　？〜960？年
出　身　山城国（京都府）平安京（京都市）

　『賀茂氏系図』では吉備真備（695〜775）の6代目の後裔が賀茂忠行とされる。安倍晴明の師匠であったことからもうかがわれるように、陰陽道に関しては比肩する者がいないほど、飛び抜けた熟達者であった。

　忠行に関する伝説が『今昔物語集』にある。賀茂忠行が下京へ行った帰りのことである。ときはすでに夜更けになっていた。少年の安倍晴明が伴となって師匠の忠行が乗る牛車の後ろを歩いていると、晴明の目には前方からくる鬼の集団が見えた。

　「このままでは襲われてしまう」と、驚いた晴明はただちに牛車で眠っていた忠行に声を掛けて起こし、変事を知らせた。

　黙って聞いていた忠行は前方を一瞥すると、「心配はいらんぞ。わしの術で鬼から見えないようにするから」と言って、忠行の一行

の姿を隠す陰陽の術をおこなった。それにより忠行一行は鬼の害をまったく受けることはなく、助かったのである。

忠行は陰陽道だけでなく、密教などにも通じていた。平将門の乱(将門が天慶2年〈939〉関東で起こした内乱)や藤原純友の乱(純友〈？〜941〉が天慶2年に西国で起こした反乱)は今日、承平・天慶の乱という名称でも知られるが、両者の反乱は朝廷に大きな衝撃を与えた。朱雀天皇(923〜952)に忠行は「白衣観音法を修すれば、乱は必ずおさまります」と奏上した(『朝野群載』)。白衣観音法は大白衣観音を本尊とする東密(空海の伝えた密教。真言宗)に伝わる国難打破の調伏秘法で、台密(日本の天台宗で伝える密教)では大白衣法と称する。

朝廷は浄蔵や寛朝僧上(916〜998)らの密教僧に大威徳法や不動法などの調伏をさせていたが、あまりにも確信的にいうので、忠行の予言がどれほどのものか、試してみることにした。

朱雀天皇の弟(のちの村上天皇〈926〜967〉)が箱の中身を占わせると、忠行は「赤い紐でつないだ念珠(数珠)が入っております」と、言いあてた。忠行の奏上は信用できるということになり、密教僧に白衣観音法も修法させることにより、将門も純友も敗死するに至ったようだ。

暦道・天文道に通暁した陰陽道宗家
賀茂保憲
vs. 宿曜師法蔵
生没年 917〜977年
出身 山城国(京都府)平安京(京都市)

賀茂保憲は賀茂忠行の息子である。特に暦道(暦を作成するための学問。暦学)を徹底的に研究して重要な著作『暦林』などを残した保憲は、安倍晴明や晴明の長男吉平(954？〜1027)らの師匠格としても知られる。ちなみに忠行から陰陽道の奥義を受け継いだ保

憲は息子の光栄（みつよし）（939〜1015）に暦道を、晴明に天文道（天文・気象を観察し、その変異により吉凶を察知する術）を伝えた。これによって賀茂家と安倍家が陰陽道の宗家となる基礎をつくったのである。

保憲は幼いころに鬼神を見ることができたらしい（『今昔物語集』）。父の忠行が祓いをおこなうために出かけた際、幼い保憲が同行したおりのことである。祓いの次第では、じっとおとなしくしていた保憲であったが、その帰り道で父に尋ねた。

「先ほど祓いをしている最中に恐ろしい姿をした者どもが20〜30人あらわれて、供え物を食べたり、作り物の舟や車に乗ったあとにどこかへ行ってしまいましたが、あれはいったいなんだったのでしょう」

これを聞いた忠行は保憲の陰陽師としての天分を確信し、それからは陰陽道の知識を熱心に伝えたという。

陰陽道系の暦法の最高権威だった保憲は、村上天皇の本命星（ほんめいせい）や本命宿（しゅく）について宿曜師（暦の計算と星占いで個人の運命を察知し、厄祓いの星祭りをおこなう術者。宿曜とは二十八宿と七曜を合わせたもの、二十八宿は中国の28の星座で、七曜は太陽・月と五星〈火・水・木・金・土〉をあらわし、これを1週間に配したもの）の法蔵（ほうぞう）（905〜969。法相宗の僧）と論争したという記録もある。両者は星の運行を人の運命と結びつけて吉凶を占う点は同じだが、陰陽師はあくまでも俗人で、宿曜師は密教僧が兼ねていたというところが決定的に異なる。

本命星は生まれた年と関係する星で、本命宿は生まれた日の宿（天球の赤道部分を28等分した1区域）のこと。陰陽師は陰陽道の方法、宿曜師は宿曜道（宿曜師がおこなった暦算・星占い・祈禱の術。平安時代初期に留学僧〈密教僧〉らにより日本へもたらされた、インド系占星術書『宿曜経』などと10世紀伝来の『符天暦』（ふてんれき）という暦が組み合わさって生まれた一種の占星術。密教占星術、宿曜占星術などともいう）の方法で、天皇などの生年月日に基づいた星祭りをおこなうことによって悪魔や悪霊の災いから身を守ったり、病気を未然に防いだり、寿命を延ばすことも可能とされていた。

悪霊などから襲われたとしても、陰陽道の星祭りを斎行すれば害を受けずにすむという延命息災の秘法を朝廷や貴族の間に普及させたのが保憲であった。

式神を自在に操った史上最高の陰陽師
安倍晴明
vs. 那智の天狗

生没年 921～1005年
出身 摂津国（大阪府）阿倍野（大阪市阿倍野区）？

　安倍晴明こそは史上最高の陰陽師とされている。
　陰陽師が使役するという精霊の一種である式神を思うままに操り、それによって敵などを呪縛するだけでなく、呪殺することすらできたといわれる。
　平安末期の説話集『今昔物語集』などには晴明が式神使いとしても超一流であったことがうかがわれる。
　京都の広沢の寛朝僧正の自坊で若い公達や僧たちが、居合わせた晴明に「あなたは式神をお使いになると聞きましたが、人を即死させることもできますか」と聞いてきた。
　「式神は陰陽道の最高の秘儀なのに……ぶしつけな質問にはお答えいたしかねます」と晴明は苦言を呈しつつも、「簡単には殺せませんが、少し力を入れてやりさえすれば可能です。虫などでしたら、たやすく殺せますが、生き返らせる方法を知らないので、罪になりますし、無益なことです」などと答えてあしらおうとした。
　そうしたところに蛙が5、6匹ばかり、庭の池のほとりへと飛び跳ねて行った。それを見つけた公達が「では、あれを1匹殺してみてくれませんか」と挑発した。
　晴明は「私を試すとは、罪なことをなさるお方だ」というなり、草の葉を摘み切り、呪文を唱えて蛙の方へ投げたのである。草の葉が蛙のうえに落ちた瞬間、蛙は真っ平らに潰れて死んでしまった。

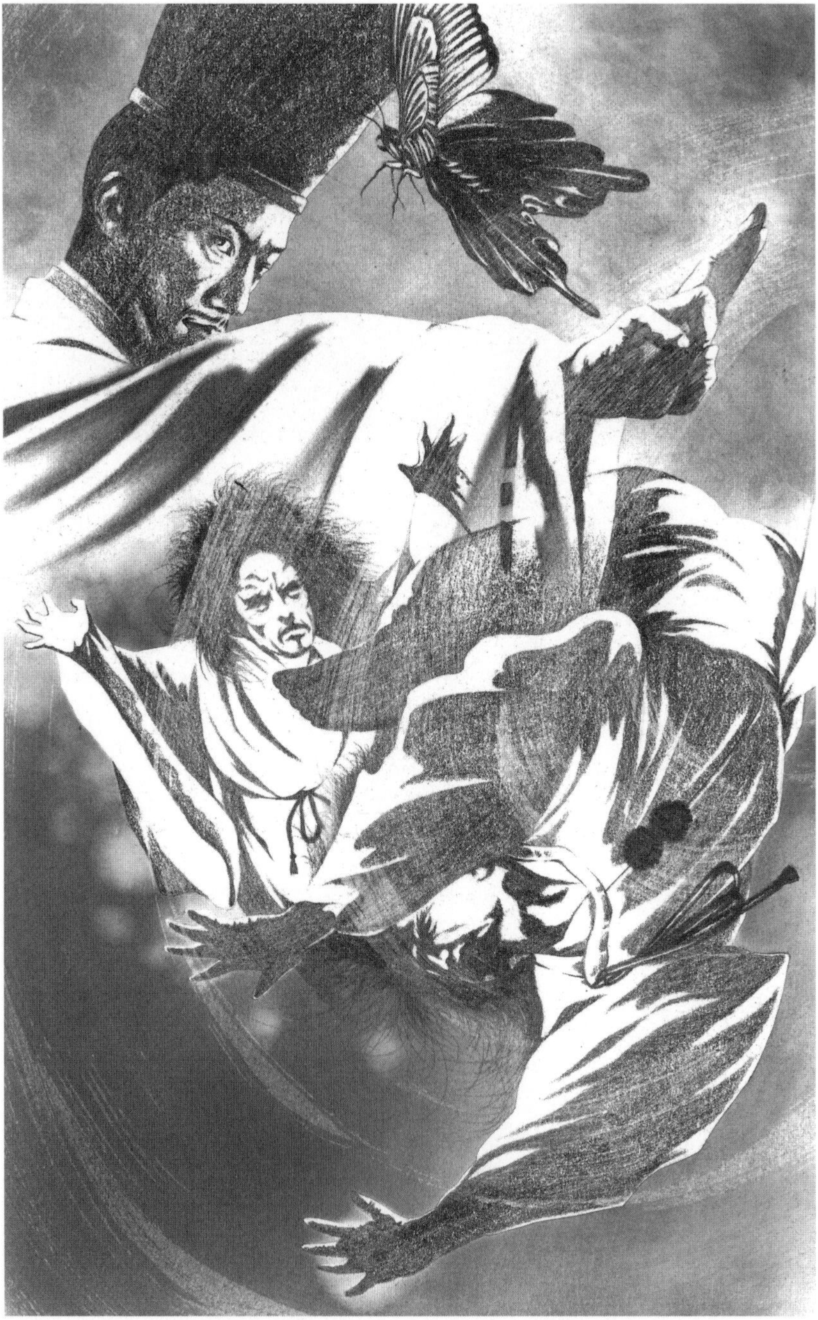

公達らは驚き恐れて青ざめたという。

　晴明は、家のなかでは式神を使っていたとされる。人もいないのに蔀（表裏両面もしくは表面に格子を取りつけた板戸。上から吊り下げてあり、外または内側に水平に吊り上げて開ける。蔀戸ともいう。平安時代から住宅や社寺建築において使われた）が上下したり、門も開閉するなど不思議なことが多かったと伝えられている。晴明の妻が式神を恐がるため、一条戻橋（現在の京都市上京区の堀川に架けられている一条通りの小さな橋。延暦13年〈794〉の平安京造営のときにはじめて架橋された）の下に式神を封じて、用のあるときだけ、呼び寄せて使っていた。

　式神使いであった晴明は、敵の式神の呪いを解除することもできた。あるとき、カラスに糞をかけられた蔵人少将を見て、カラスの正体が式神であることを見破り、少将の呪いを解いてやっている（『宇治拾遺物語』）。

　天文の変化をたちどころに察して吉凶を占って天皇に奏するのが陰陽師の任務の1つであったが、晴明も花山天皇（968〜1008）の譲位を予言したという（『大鏡』）。また花山天皇の頭痛は、天皇が前世のときに行者であり、そのときの頭蓋骨が大峯山中の岩に挟まれて野ざらしになっており、その頭蓋骨を祭れば治ると占断し、晴明のいうとおりにしたところ、天皇の頭痛は快癒したという（『古事談』）。

　晴明も行人（仏道を修行する人。行者・修行僧）として那智で1000日の修行をおこない、毎日滝に打たれたとされるが、花山天皇が那智に籠ったときに天狗がさまざまな妨害をした。そこで花山天皇は晴明に命じて狩籠の岩屋に天狗を封じたという（『禅林応制詩』など）。

　和歌山県の本宮町皆地には晴明の伝説が今も残っている。同地の村人が巨大な楠を切り倒そうとしたが、翌朝には切り口が塞がってしまうので困っていた。村人からその怪木の相談を受けた晴明が占うと、大池の主の仕業ということが分かった。そして「昼夜休まずに斧を入れ、切り屑を焼き尽くせば必ず伐採できる」と伝えた。そこで村人はそのとおりに7日間連続で切り続け、ようやく切り倒

すことができたという。

　また、熊野古道の中辺路(田辺から山中に分け入り熊野本宮大社へ至る道)には「安倍晴明の止め石」と呼ばれる石もある。晴明はそこで土砂崩れが起こることを予知し、その石に式神を封じ込めて、土砂崩れを未然に防いだとされる。

民間陰陽師の最高峰、安倍晴明の好敵手
蘆屋道満
vs. 安倍晴明

生没年　—
出　身　播磨国(兵庫県)?

　安倍晴明(921～1005)の好敵手として有名なのが蘆屋道満である。国家機関と結びついた宮廷陰陽師の晴明に対して、道満は民間の陰陽師の最高峰とみられている。

　道満のエピソードは『宇治拾遺物語』『古事談』『十訓抄』『東斎随筆』(一条兼良著)などに散見される。『宇治拾遺物語』によれば、藤原道長(966～1027)がある日、飼い犬を連れて、御堂(法成寺＝平安時代、現在の京都市上京区にあった寺。道長が建て南北朝初期に廃絶)の門を入ろうとすると、その犬が道長の前を塞ぐように吠えまわり、衣の裾を咬んで引きとどめようとする。怪しんだ道長は召し使いに命じて、晴明を呼んだ。

　晴明は「あなたを呪詛した物が埋められており、越えれば害を受けます。犬は通力があるので、危険を察知して知らせたのです」と答えた。

　そして晴明が占った場所から呪詛した物が出てきた。

　晴明は「自分以外にこの術を知っている者はいないはず。道摩法師の仕業かもしれない」といい、紙を鳥の姿に引き結んで、呪文を唱え、空に投げ上げると白鷺となって南を指して飛んでいった。

　鳥は六条坊門万里小路の近くの古い家のなかへ入った。家主は

「老法師」の道摩で、捕らえて連行。呪詛の理由を聞くと、堀川左大臣顕光（藤原顕光。944〜1021）に頼まれておこなったことを白状した。

「流罪にすべきであるが、道摩のとがではない。今後、このような業をおこなってはならない」と戒めて道摩を「本国播磨」へ追放したという。

この道摩法師が、蘆屋道満とされる。僧であるが、陰陽道にも通じた民間の陰陽師で、依頼主の願いに応じてさまざまな占術や呪術をおこなっていた。

説話では晴明が主人公で、道満がその引き立て役の《悪役》になっている。

道満の本国の説がある播磨は陰陽師と関係が深い地域だ。インドの法道仙人（生没年未詳。古代インド霊鷲山にいた仙人で、孝徳天皇〈在位645〜654〉のころ、播磨の法華山〈兵庫県加西市〉に牛頭天王と一緒に渡来したという伝説的人物。「空鉢〈「くはつ」とも読む〉仙人」と呼ぶのは供物を受ける鉄鉢を持っていたためという）が来朝して播磨に居住し陰陽道をはじめたとする伝説があり、播磨の密教系の寺は法道仙人の開基というところが多い。吉備真備、滋岳川人、弓削是雄、智徳法師などの陰陽師も播磨と関係が深い。ようするに播磨は古代より多くの陰陽師を輩出してきた一大スポットなのである。

中世の播磨の地誌『峯相記』には、道満が故郷の播磨佐用（兵庫県佐用町）の奥で死に、その子孫は英賀（姫路市飾磨区英賀）や三宅（姫路市飾磨区三宅）のあたりに広がり、陰陽道の技を継承していたとある。佐用町には蘆屋道満を祭った道満塚や、道満と晴明が矢を放って戦ったという「やりとび橋」、道満の首を洗ったといわれる「おつけ場」といった伝説的な史跡もある。

江戸時代の地誌『播磨鑑』（平野庸脩編。宝暦12年〈1762〉ころ成立）によると、道満は現在の兵庫県加古川市西神吉町岸にあたる「印南郡岸村の産」とある。同所には道満屋敷もあったとされる。道満の子孫に道仙という者がいて三宅に住み、英賀城で占いをしていたとか、道善と名乗る道満の子孫が薬草をつくっていたとい

う話もある(『播磨鑑』)。

　ようするに道満の子孫を名乗る者が播磨にいて占術などをおこなっていたらしい。

　道満の出身地には異説もあり、備中の浦見村(岡山県浅口市金光町占見)の出身とする記述が江戸時代の『備中州巡礼略記』(柳井重法撰。寛政2年〈1790〉刊)にある。同地には道満にまつわる道満塚や道満池や坊主岩がある。

　『簠簋抄』(『金烏玉兎集』の注釈書。著者未詳。慶長年間(1596〜1615)ころに成立)は道満の出身地を薩摩(鹿児島県)としている。薩摩は占術や呪術をおこなう盲僧が活躍した地域である。盲僧は荒神をしずめたり竈の火をきよめたりするが、道満に由来するとされる呪法などもおこなった。

遠い船上の海賊を打ち倒した播磨流陰陽師
智徳法師
vs. 海賊

生没年 ―
出　身 播磨国(兵庫県)?

　智徳法師は、平安時代、一条天皇(980〜1011)のころの播磨流の陰陽師である。つまり、播磨を根拠地にしていた法体=僧形の陰陽師で、陰陽道の呪法や占いや暦法などに通暁した民間の呪術者兼占い師であった。

　陰陽道の第一人者であった安倍晴明に術比べを挑んだが、晴明に式神を隠されたため、降参して晴明の弟子になったとされている。このように晴明に挑戦しただけあって、智徳法師の方術も一流の域に達していたといえる。

　平安末期の説話集『今昔物語集』に「播磨国陰陽師智徳法師語」という智徳のエピソードが紹介されているのも、無視できない力量があったためだ。

多くの荷物を積んで播磨国の港に運んでくる船があった。明石の沖でこの船に海賊が襲いかかり、船荷をことごとく奪ったうえに船員を殺して去っていった。船主と下人の数人が命からがら海へ飛びこんで逃げ延び、陸に上がって泣いていたという。

そこへ通りかかったのが、智徳法師であった。

「どうしたのですか」と問うと、

「昨日、明石の沖で海賊に襲われ、船の積み荷がすべて強奪されたあげく、乗組員も殺されてしまいました。我々だけが海に飛び込んで生き延びたのです」と言う。

「そうでしたか。とてもやり切れぬことでしょう。海賊を引っ捕らえてここに引き寄せてやりましょうか」

船主はそんな雲を摑むようなことなどできるはずはないと思ったが、「そうしていただければ、どんなに嬉しいことでしょう」と言った。

すると、智徳は「お聞きしたいことがあります。事件は昨日の何時ころに起こりましたか」と尋ねたので、船主は「しかじかの時刻です」と答えた。

それをうなずきながら聞いた智徳は、さっそく海賊を呪縛する秘術の準備に取り掛かったのである。

智徳は小船に船主をともなって乗り、沖へ出て海賊に襲撃されたあたりで泊めた。そして海面に何やら物を書き入れてから、呪文を唱えた。

そして港に戻って上陸後、ちょうど目の前にいる者を捕らえようとするかのような仕種をして「これでよし。海賊が必ずこの港にあらわれるので、見張りをつけよう」と告げたのである。

事件から7日後、船主が伝えた同時刻に、どこからともなく漂流船が海上にあらわれた。こちらから船を出して近寄ってみると、大勢の者が船に乗っていた。皆一様にぐったりと泥酔したようになって逃げもせずに打ち倒れている。まさしく、あの海賊どもであった。

強奪された積み荷もそっくりそのまま残っていたので、取り返すことができたのである。

関係者が海賊を縛りあげようとしたが、智徳法師が頼んでもらい受け、こう言い聞かせた。

「今後このような罪を犯してはならない。本来ならば絶対に生かしておかぬところだが、それも罪深いことであるから、今回だけは見逃してやる。この国にわしのような法師がおることを覚えておくがいい」

こう告げて海賊を追い払ったという。

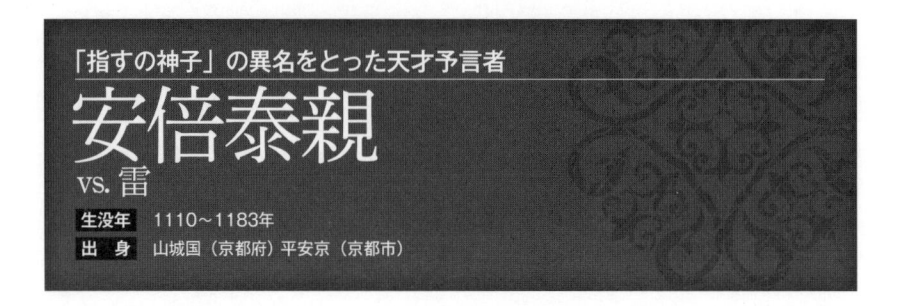

「指すの神子」の異名をとった天才予言者
安倍泰親
vs. 雷
生没年　1110～1183年
出　身　山城国（京都府）平安京（京都市）

　安倍晴明から5代のちの直系である安倍泰親は、「指すの神子」と称されたほどの天才陰陽師であった。指すの神子とは神のようによく占いあてる陰陽師という意味である。

　陰陽寮に勤めながら、多くの公家の相談を受けている。たとえば右大臣九条兼実（1149～1207）の病気の占いでは、土公神（土神）の呪詛が祟っているなどと述べている。

　安徳天皇（1178～1185）の護持僧でもあった天台座主（天台宗の首長。比叡山延暦寺最高位の僧職で、学徳が抜きん出た僧侶が就任し、天台宗一門を統轄した。天長元年〈824〉の最澄の弟子・義真〈781～833〉の私称にはじまり、斉衡元年の勅命による円仁就任以降、正式の職名となった）明雲（1115～1184）の運勢を占ってあてた話は有名である。明雲という名前を見て、泰親は雲のうえに日と月の光を並べているのは凶であり、末路は良くないと占った。その後、明雲は馬に乗っているときに木曾義仲（1154～1184）によって射落とされ、首を取られてしまったのである。

　承安4年（1174）に安倍泰親の家に落雷があった。直撃した雷が

泰親を襲ったが、狩衣の袖が焼けただけで、体はまったく無事だったという。落雷時に泰親は熊野の神を念じていたという記録がある。

治承3年（1179）11月7日に京都に大きな地震があった。泰親はこの地震を占い、「少々物忌み（魔物・不浄に触れないように、家に籠るなどして身を慎むこと）したところでもはやどうにもならない。すぐに大変なことが起こる」と言って内裏へ駆けつけて、涙を流したという。

泰親のことをよく知らない若い公家たちは泰親の取り乱しようを見て嘲笑っていたという。すると、その月の14日に平清盛（1118～1181）が内乱を起こし、後白河法皇（1127～1192）を鳥羽殿（京都の南郊、鳥羽の地〈京都市伏見区鳥羽〉に造営された離宮。東殿・北殿・南殿の三殿に分かれていた。現在その跡に鳥羽離宮公園・安楽寿院・城南宮などがある）に幽閉するという大事件が起こった。泰親を馬鹿にしていた公家たちは震えあがったという。

後白河法皇は幽閉中にイタチが騒いだので占形をつくり、近臣に安倍泰親に診てもらうように命じた。泰親はその占形を見て顔色を変えた。そして「3日のうちにお喜びとお嘆きがございます」と文に認め、差し出した。

するとまもなく後白河法皇は幽閉を解かれ、喜んだが、その直後に後白河法皇の第3皇子の以仁王（1151～1180）が挙兵し、平清盛が軍勢を王の御所へ差し向けたことを知って嘆いたという。予言どおりになったわけだ。

安倍泰親は平清盛の死も予言している。

治承4年（1180）に清盛が都を福原（神戸市）から京都へ移すことを決めた日に、泰親は九条兼実に清盛の命が長くないことを告げている。その翌年に清盛は死去したのである。清盛が死んだ年には辰星（水星）と太白星（金星）の位置関係から天下は滅びるだろうと占った。やがて平家は壇ノ浦の戦い（1185）で滅亡したわけである。

ちなみに、壇ノ浦の戦いには陰陽師も同行していた。『平家物語』によると、平氏が船に乗って逃げているときにイルカの大群が魚を追ってきた。安倍晴延（生没年未詳）という小博士がこれを占い、

イルカが魚を食べて引き返せば源氏は敗北し、イルカが平氏の船の下を潜り抜けると平氏に勝ち目はないと占った。イルカが船の下を潜り抜けたため、平家は万事休すとなり、二位の尼(平時子。清盛の妻。?〜1185)が安徳天皇を抱いて入水をとげた。

その際、天皇の印である草薙剣(「天叢雲剣」ともいう。三種の神器の1つ)と神璽(「八尺瓊勾玉」ともいう。三種の神器の1つ)も水中に沈んでしまった。のちに朝廷は草薙剣を見つけることができるかどうか、泰親の子供の安倍泰茂に占わせている。

泰茂は沈んだ場所を中心に五町(約640メートル。現代の1町=109メートルで換算すれば約545メートルになるが、太閤検地で換算法が変更されているので、平安時代の末にさかのぼって計算すれば、和銅大尺1尺=35.56センチ×360尺×5町=約640メートルとなる)以内を探索すれば発見可能としたが、深すぎたことと海流があまりにも速かったため、ついに見つからなかった。

権力者・重要人物などの身辺には陰陽師がつき添い、霊的にガードしたり、占いによってアドバイスしていたのである。

妖怪の息の根を絶った正体不明の謎の術者
安倍泰成
vs. 妖狐・玉藻前

生没年 ―
出 身 山城国(京都府)平安京(京都市)

安倍泰成は伝説的な陰陽師である。安倍家の系図には載っていないが、玉藻前の正体を妖怪と見破ったことで知られている。

平安時代も後期。その才色兼備が朝廷関係者の目にとまって宮中に仕えるようになった玉藻前は、すぐに鳥羽天皇から寵愛され、皇后にまで上りつめた。そのため、一説に玉藻前は美福門院(藤原得子〈1117〜1160〉。近衛天皇〈1139〜1155〉の生母)ともいう。

と同時に、鳥羽天皇は病に伏すようになったのである。病気の原

因が判然としないため、陰陽師安倍泰成が召された。

　占ったところ、玉藻前が鳥羽天皇に祟っていることが分かった。しかも玉藻前が普通の人間ではなく、三国（インド・中国・日本）伝来の九尾の狐であることも判明したのである。すなわち、インドで邪気が凝固して誕生後、中国に移り、殷の紂王の側室姐妃や周の幽王の后褒似などに変化して亡国させたのち、日本へ渡った。そして天皇家の皇后となって天皇を操り、日本を滅ぼす計画だったという。

　安倍泰成は陰陽道の秘術を尽くすと、玉藻前は耐えきれずに化けの皮を脱ぎ捨て、白面金毛九尾の狐の姿を露わにして宮中から那須野へ逃走した。

　ただちに安部泰成が軍師となり、三浦介義明（よしあき）（1092〜1180）と上総介広常（ひろつね）（千葉広常。？〜1183）らが討伐軍となって那須野へ進軍を開始した。

　同地で九尾の狐を発見し、2度に及ぶ攻撃の末、九尾の狐の息の根をとめた。

　ところが、直後に九尾の狐は毒石と化し、接近する人間や動物などの命を容赦なく奪ったのである。殺生石と呼ばれるようになったゆえんである。

　近づく者はすべてその毒気によって即死するものだから、どうすることもできなくなった。

　やがて室町時代となり、曹洞宗の玄翁和尚（おしょう）（源翁心昭。105ページ参照）が殺生石に戒を授けたのち、叩き割って破壊したという。殺生石は那須湯本温泉の源泉「鹿の湯（しかのゆ）」の西に今もある。石の周囲からは有毒ガスが吹き出しているため、立ち入りは禁止されている。

　なお、破壊された殺生石の断片が各地へ飛散したという伝説もある。

民間宗教者

霊能者と祈祷師を兼ねる存在で、中世以降民間に流入し成立する。明治維新で伝統が途絶したが、新宗教のなかに一部残存している。

民間宗教者と祓魔の起源

シャーマンと民間宗教者

　民間宗教者は、いろいろと定義もできようが、本来的にはシャーマンや巫女と呼ばれる霊能者と祈祷師とを兼ね備えた存在である。一般的には「拝み屋」ともいわれる。東北地方ではイタコ、沖縄ではユタなどという名称で存続している。伝統的に女性が中心だが、男性もいる。

　シャーマンとはトランス状態で、神や精霊、死霊などと直接的に交渉して託宣や予言、治病などをおこなう宗教的な職能者である。

　どのようにしてシャーマンになるのかというと、通例として生まれつき霊的な気質の人が、病気などの「変調」を経験してからなるというパターンが多いようだ。

　イタコやユタなどは、そのはじまりの段階で必ずといっていいほど頭痛や体がだるくなったり、他人には見えないものが見えるなど身体的な違和感や不調をともなうものである。病院へ行っても原因不明とされることが多く、病状も一進一退がしばらく続く。そのうちに神仏の幻影や幻聴などが頻発するようになる。その状態を「巫女気」とか「巫病」などという。巫女気は巫女や霊能者になるための必然的なプロセスの前段階であるといえる。

　そのプロセスを経て、ある日突然に神憑って自らの使命を知り、

霊能者として活躍するようになる。また師匠に弟子入りして修行を重ねて霊能者となり独立する方法もある。人によっては、強力なカリスマ性などによって教祖となって宗教団体を開く場合もあるわけである。

いずれにしても巫女などの霊能者は原則的に超越霊＝神仏などの憑依を受けて、神仏の意志を伝えたり、神仏の権威によって悪魔や邪霊に苦しめられている人たちを救う存在とされている。

歴史的には3世紀半ばころの邪馬台国を支配していた女王卑弥呼は、巫女の頂点に立つカリスマでもあった。卑弥呼は「鬼道」、すなわち呪術によって政治をおこなった。つまり神意を取り次ぎ、病魔を祓ったり、災厄を除去し幸福に導くための祈禱をおこなったりして国を統治していたのである。

記紀によると、天照大神を祭祀したヤマトヒメやトヨスキイリヒメなどもシャーマン的な役割を担っていたようだ。

古代においては宮中の内侍所（宮中の温明殿にあった三種の神器の1つである八咫鏡を模造した神鏡を安置したところ〈残りの2つは天叢雲剣と八尺瓊勾玉〉。賢所とも呼んだ）に仕える女官、あるいは伊勢神宮などに所属した斎宮（「いつきのみや」とも読む）、斎院（斎宮・斎院は天皇即位のとき、伊勢神宮や賀茂神社〈上賀茂・下鴨2社〉に天皇の名代として遣わされた未婚の内親王または女王のこと。伊勢神宮では斎宮、賀茂神社は斎院という）、内侍らも基本的にシャーマン的な要素を持っていた。

シャーマンの民間への流入

その後、武士が活躍する中世以降になると、官立の祭祀機関に属していた巫女たちは民間へと流入し、地方の神社に身をおいて神楽を舞い、鈴を振って交霊し、湯立て神事をおこなって神意を託宣した。あるいは神社を離れ、各地を遊行しつつ、祭文を語り、死霊の口寄せなどをおこなうようにもなった。

漂泊する巫女たちは「歩き巫女」とも呼ばれた。歩き巫女は女性の祈禱師で、呪力があるという梓の木でつくった弓（梓弓）の弦

を鳴らしながら、死者の霊を憑依させ口寄せをおこなったり、数珠占いや祈禱などをおこなったのでその名がある。

　明治になると、神道は国教化され、神社からシャーマンとしての巫女を完全に追い出してしまった。また江戸時代まで身分が保証されていた梓巫女も明治時代に廃止されたのである。

　戦後に国家神道体制が崩壊し現在の神社神道に変わったが、神社の巫女は本来のシャーマンからはほど遠い存在である。神社神道に属さない民間の巫女などには昔ながらのシャーマン的な気質や要素が残されているといえよう。

　誤解のないように念のため、申し添えておくと、宮司などの神職はシャーマンでないから霊験はないということはない。神職のお祓いや祝詞奏上（儀式において祝福する言葉を神仏に捧げること）によっても祭神の神徳、言霊の霊威などにより悪霊や邪霊などの災いを除いたり解消することはできるのである。

新宗教として存続したシャーマン

　新宗教の世界でもシャーマン的な役割を担っている人たちは多いようだ。たとえば、相手に向けて手をかざして祈る「浄霊」や「手かざし」は神道系の新宗教の一部でおこなわれているが、そうした手かざしは、悪霊などを浄化して正しい神界へ導く秘儀としても有効とされている。

　手かざしによる浄霊は世界救世教の教祖岡田茂吉（1882〜1955）が編み出したものである。

　一見奇異な印象を受ける手かざしであるが、そのルーツをたどれば、古来の手あてに由来する。古代において病気は悪霊の仕業とも考えられ、痛む箇所などに直接手をあてて治すこともあった。

　幕末に活躍した黒住教の教祖黒住宗忠（1780〜1850）も病人の患部に手をあてて病気を治したと伝えられる。黒住宗忠は病人が遠隔地にいる場合は、手あてではなく、祈りによって治病したという。

　それはともかく、岡田茂吉は立教するまで神道系の新宗教である大本教（現在の正式名称は大本）に属していた。大本教といえば、

明治25年（1892）に京都の綾部で開祖出口なお（1836〜1918）が神憑ってはじまった。その後、神道霊学のエキスパートであった出口王仁三郎（1871〜1948）が教祖となり布教を展開、2度に及ぶ弾圧を受けたが、戦後再建され、他宗派にも大きな影響を及ぼしている。

大本教でも病魔などを除去する秘儀の「み手代」の取り次ぎがある。み手代は竹製の杓子である。大正12年（1923）に出口王仁三郎が熊本県の杖立温泉で売られていた竹製の杓子を購入。王仁三郎はその杓子に「万有の身魂をすくうこの釈子心のままに世人救へよ」と記し、信者に与えた。

このみ手代を病人の体に触れずに、離したままで撫でるようにすれば、たちまち神徳をいただき、快方へ向かうという。

み手代にヒントを得て、岡田茂吉は扇子を用いたり、直接手で相手に触れて治すようになった。しかし、直接触れると、医師法違反に問われるということになり、相手に触れずに手のひらをかざす方法の「浄霊」を開発したのである。

具体的には、病人に対して30センチほど離れて手をかざす。すると、その掌から目に見えない霊光が放射され、それが病気の原因になっている汚染された霊を浄化するため、病気が良くなって治ると説かれている。

浄霊は最初、茂吉のみに可能とされていたが、それでは多数を救うことは不可能という理由で、すべての信者に開放した。

岡田茂吉の浄霊は、世界真光文明教団の教祖岡田光玉（1901〜1974）などにも影響を及ぼした。真光系では浄霊のことを「お浄め」とか「真光の業」などと称している。

民間宗教者の戦闘術

　シャーマン的な能力を持つ民間宗教者は、怪異現象が起ると、その原因を霊感によって知覚し、悪霊の場合はそれに霊的に対応できる異能者と信じられている。霊感は生まれつき備わっている場合もあるが、修行によって霊感を磨いて鍛えることも可能とされる。霊感を高める基本は精神統一だ。これには諸法あるが、その1法として部屋の光を薄暗くし、正座の姿勢をとる。

　正座の仕方は、①両足の親指を重ね合わせる。②膝頭の間隔は握り拳1つか2つ分くらい開ける。③腹を心持ち前方に突き出すようにする。④背筋を伸ばし顎を引く。⑤腕に余計な力が入らないように注意して合掌する（合掌の手の高さは胸のうえあたりにする）。⑥目を1度閉じてからゆっくり開き、半眼よりもやや薄く開ける。

　このように正座したら呼吸をととのえ、腹式呼吸をする。すなわち、鼻から空気をゆっくりと吸い、腹のなかに送り込み、空気が入らないと思えるところでしばらく息をとめその後、ゆっくりと鼻から吐き出すのである。コツは吸う息よりも吐く息を長めにする。

　そして雑念を払い、祈りの言葉を唱える。祈りの言葉は「天照大神（あまてらすおおみかみ）」「南無阿弥陀仏」「六根清浄（ろっこんしょうじょう）」など各自が信奉している神仏の名称や念仏や真言などでもよい。

　この状態で意識を眉間に集中する。これを続けているうちに、精神が統一され、霊覚や霊能が開け、霊視などもできるようになるとされる。

　霊感以外の方法としては占いによって判断するのが通例だ。たとえば、米粒を数えて占ったり、蠟燭の燃え方や線香の煙の方向などで占ったりする。

● 怨念しずめ

　死霊の怨念をしずめて送り出す方法はどうすればよいのか。原則

的には真心をもって普通の言葉で説得し、現世に対する執着を転換させてしずめる。たとえば「あなたはもうこの世の人ではない。霊界と呼ばれている別な世界にいる。生前は苦労したであろうし、恨みごともあっただろうが、すべては過去の世のことである。忘れ去り、成仏してほしい」などと言って祈るのである。

●不浄霊退散法

　　線香による不浄霊退散法もある。仏壇に向かって座るか、仏壇がない場合は部屋の中央で北向きに座り、1本の線香を3本に折って火をつけて右手に持ち、左手にコップ1杯の日本酒を持って、こう唱える。「守護霊様、背後霊様、ただ今より当家の無縁仏様や未浄化霊様を送り出したいと存じます。しかるべきところに送り下さいませ。よろしくお願いいたします」。そして家のすべての部屋、浴室、トイレなどをまわる。その際、念仏、題目、真言など常用している唱え言葉を唱え続ける。

　　このあと、念仏などを唱えながら、ドアから外へ出て、十字路になっている道へ行き、その1角（東西南北いずれの角でもよい）に線香をおき（立てても横にしてもよい）、その線香の周りに日本酒をまいて合掌してから帰る。

　　帰る際は、きた道と違う道を通り、決して後ろを振り向かないことである。この行の最中に家族や知人と口を利いてはならない。失敗したら効果がないとされているので、もう1度やり直すこと。

●遠隔祈禱法

　　悪霊に祟られている人を救うために、念力を利用した遠隔祈禱法がある。これは相手の名前、生年月日、現在の相手がいる場所（住所）の順番で念じ、「相手の霊障（霊的障害）を治して下さい」、あるいは「悪霊よ、去れ」などという念を込めて祈るのである。念を送る時間はわずかな時間でかまわない。慣れてくると、もうこれでよいという感じなどが自然に分かるようになるものとされる。

●悪霊退散術

　　　　水行や断食などの苦行による悪霊退散術も伝統的な方法である。苦行を積むことで精神が統一されて、邪悪な霊や悪鬼などを駆逐することも可能となる。悪霊のためにおかしくなっている人がいる場合、行者などはその人にふさわしい水行や断食をおこない、それにより正気に戻ることも多い。本人がそうした苦行ができない場合は、行者がその人の代わりになって水行や断食をおこなう場合もある。たとえば、霊友会の創始者の1人でシャーマンでもあった小谷喜美(こたに きみ)（1901～1971）は異常なほど苦行を重ねたことで有名であるが、霊的な病気で苦しむ夫や信者のために極寒の時期などに不眠不休の水行や断食をおこない、数多くの人を救ったという。

　　　松緑神道大和山(しょうろくしんとうやまとやま)の教祖大和松風(まつかぜ)（1884～1966）も五色川(ごしき)の不動滝で邪念や邪気を祓うために水行をおこなっていた。それにちなみ、松緑神道大和山の信者たちは基本的に身心の修錬や邪気退散のために水行に励んでいる。

●悪疫退散法

　　　　インフルエンザなどの流行病は民間信仰では疫病神の仕業と信じられてきた。流行病が猛威を振るうと、太夫などと呼ばれる民間の祈禱師が祝詞を唱えて呪術的儀礼をおこなう。
　　　また定期的に悪病が地域へ侵入してこないように祈禱する。
　　　具体的には、村境の道に道切りの注連縄(しめなわ)を張ったり、大きな草履を吊(つる)したりする。いずれも侵入を防ぐ呪(まじな)いである。また、他の地域との境をなす四隅に悪疫(あくえき)退散や悪魔退散の御幣(ごへい)を立てて拝んだりもする。大きな草履は魔物除けにも使用される。

●甘茶供養法

　　　　これは供養すべき霊の名前を念じながら、甘茶をコップなどに入れてその霊に供えれば供養になるとされる。それにより生前の業障で苦しんでいる霊は成仏し、その霊が原因になっていた人の悩みも解消されるという。

● **洗米供養法**

　　洗ってきれいにして干した米を洗米という。これを用いた不成仏霊を供養する仕方がある。洗米を約3合3勺用意する。夜になってから、不吉な部屋のなかにばらまき、1〜2日そのままにしておく。その後に箒で掃き集めてから、川へ流すのである。川へ流す際は日本酒（1合）を一緒に流すとよいとされる。

● **み手代取り次ぎ法**

　　大本の「み手代」（杓子＝シャモジ）を用いた取り次ぎの方法。これは病人に憑いた悪霊や邪霊を除去したり教化する神道呪法である。次のようにしておこなう。

①神前で『天津祝詞』などを奏上し、神に祈願を凝らす。緊急の場合は適宜想念をもって祈願する。

②病人には正座してもらい、両方の手のひらを太股のうえにおかせ、静かに瞑目させる。合掌は霊的に発動する恐れがあるために避ける。

③病人に対座し、守護神に対して2拍手したのち、み手代を握って病人の胸のあたりに差し向け、瑞の御霊の大神（出口王仁三郎）を念じ、ちょうど病人を撫でるような気持ちで、患部と思われるところを中心によく撫でるようにする。病人の身体には触れない。

⑤その間に『天津祝詞』や『天の数歌』、「瑞のみ霊の大神守り給え幸え給え」「惟神霊幸倍ませ」などを唱える。

⑥最後に守護神に2拍手して取り次ぎを終え、神前にお礼を申し上げる。

　　取り次ぎの心得としては絶対に力まないこと。もし力めば、神霊の流通が閉ざされ、自分の霊が注入されてしまうためとされる。神力を取り次ぐ媒介者に徹する気持ちが大事であるという。緊急時などみ手代がない場合は、扇子などを代わりに使う場合もある。

第2章　日本のゴーストハンター

● **悪霊護身法**

　　悪霊などからも身を守ることができるという究極の唱え言葉が各教団で奉唱されているのでいくつか紹介しよう。
○「修理固成光華明彩（しゅうりこせいこうかめいさい）」（神道修成派）。天神地祇（てんじんちぎ）（天つ神と国つ神。すべての神々のこと）が感応擁護してくれるといわれる。
○「天明海天（てんめいかいてん）」（丸山教）。親神の守護を得て邪気などを一掃する霊的作用があるとされる。
○「祖遂断（おやしきり）」（PL教団）。すべての功徳が込められている言葉とされ、その身そのままで救済されるという。
○「ブッカンセイキ」（神霊教）。繰り返し唱えると、すべての苦悩や病気から解放され、現在・過去・未来の三世にわたって救済されるという。
○「念法霊験念力不可思議感応神通（ねんぼうれいげんねんりきふかしぎかんのうじんつう）」（念法眞教）。一切の諸仏諸菩薩の徳が込められているとされる。

民間宗教者の服装&アイテム

　フリーの民間宗教者の場合、服装については各自各様ともいえるが、神道系、仏教系、それ以外に大別されるだろう。神道系の場合はのちに詳しく記すが、神社本庁の服制を参考にしてそれに準じたものが多いようである。

　仏教系の場合は基本的に90ページ以下の「仏教者の服装&アイテム」と同様である。また修験道系の民間宗教者の場合も120ページ以下の「修験者の服装&アイテム」とほとんど同じなので、それぞれ参照していただきたい。

　もちろん、特定の教団に属している人の場合は、その教団の規程に従った服装をしている。そのほか、作務衣や背広の民間宗教者もいるなどさまざまである。

●神道系の装束の色々

　神道系の神職の装束は正装、礼装、常装の3種類に分けられるが、いずれの場合も笏を持ち、浅沓をはく。

　神職の正装である正服は、衣冠といい、大祭で着用する。これは袍、袴（奴袴）、冠の3点セットからなる。色や紋の違いにより身分（位）の上下が分かるようになっている。神社本庁の例を挙げると、袍の色は下級から上級の順に紺、赤、黒の3種類があり、黒が最高の色である。

　袴の色は下級から上級の順に浅葱、紫、白の3種類がある。袴は白が最高の色となっている。また着用する袍や袴に紋があれば上級、なければ下級の神職という区分もある。

　神社本庁の正装で特級身分の神職の場合、黒袍（輪無唐草紋）、白奴袴（白八藤紋）、冠（繁紋）がワンセットになっている。1級身分は黒袍（輪無唐草紋）、紫奴袴（白八藤紋）、冠（繁紋）。最低の身分である4級の場合は紺袍（無紋）、浅葱奴袴（無紋）、冠（遠

紋）となる。

　また礼装は斎服(さいふく)といって中祭で着用する。神社本庁の場合は身分に関係なく、白袍（無紋）、白差袴（無紋）、冠（遠紋）である。
　常装は狩衣、差袴、烏帽子(えぼし)の3点セットからなり、小祭のときに着用する。
　通常の大祓や各種祈願などの神事では常装が基本である。したがって土地の悪霊をしずめる地鎮祭なども狩衣を着ておこなう。
　ちなみに神社本庁では、特別に清浄を必要とする場合、身分にかかわらず、白狩衣（無紋）、白差袴（無紋）、烏帽子の3点セットを着用。
　神道系のフリーの民間宗教者は、祭事の場合は常装か浄衣の場合が多い。
　女性の神職の場合は正装は桂袴(けいこ)（「うちきはかま」とも読む）で、礼装は桂袴か水干、常装は水干で、履物はいずれも木履(きぐつ)である。巫女の服装は巫女装束といって、通常は白衣(はくい)、緋袴(ひばかま)、襦袢(じゅばん)のほか、羽織にあたる千早(ちはや)や草履からなる。緋袴ではなく、濃色(こきいろ)の袴などもある。髪は原則的に長く垂らした垂髪(すいはつ)である。

●呪物

　不吉なものを避けたり、妖魔を追い払ったり、封じたり、吉祥や幸福を導くアイテムとして鏡、櫛、箒、小石、米、賽銭(さいせん)、霊獣(れいじゅう)（オオカミなど）の歯や遺骨などがある。いわゆる呪いの道具である。呪いのマジはマジモノのマジと同じで、精霊の不純な活動を指す。呪いは悪影響を及ぼす働きかけを抑えたり、逆にそれを利用して当方の意図する結果へ誘導することをいう。

●塩

　ケガレを祓いきよめる霊力を持つとされ、きよめに使用。祭壇に塩を供えたり、神道行事などで用いる。死霊や邪霊から身を守るために塩を掛けて身をきよめる習わしがある。魔除けとして玄関などにまいたり、盛り塩として入口の左右におくこともある。

●水と御神酒

水と御神酒(おみき)は神や精霊などへの供え物である。転じてきよめのアイテムとしても使用する。地鎮祭などでは御神酒をまくことも多い。死霊の供養にもなるとされる。

●きよめの砂

神社で授与しているアイテム。不浄とされる土地や怪異が起こる場所にこれをまけば、その土地にまつわる悪霊や悪因縁がすべて浄化され、怪異もなくなるとされる。土地だけではなく、病人の不浄もこの砂を振り掛けたり、身につけることによって祓いきよめられて好転するという。

●数珠と線香

仏教系の場合は数珠と線香が不可欠である。霊を供養するだけでなく、除霊やあの世へ送り出すための呪具でもある。数珠はまた呪符や護符の代わりにもなっている。

●護符や霊符

神仏の加護が籠っているとされる札で、紙片などに呪いの字や神仏の名前や像などが記されている。身につけたり、家の内外に貼付する。新宗教でも黒住教の教祖黒住宗忠は祈りを込めた守り札をつくって病人のもとへ送ってやり、それで治ったとする逸話が多い。その禁厭(まじない)には、相手に直接おこなう「じきまじない」と、間接的におこなう「かげまじない」の2種類がある。かげまじないの1つとして、紙片に姓名と年齢を書かせて、それを祈念して陽気（息）を吹き掛ける。それにより無病息災になるという。

●首飾りやペンダント

呪符の一種で、動物の骨でつくった首飾りをシャーマンは用いる場合がある。世界救世教の教祖岡田茂吉は信者に「光」と書いたお守りを授けていた。医師の見離した病でも治すだけでなく、精神が改善され、人格が高まり、危機一髪の危難から救われるなどの呪力

があるという。当初はお守り袋に入れて常時携行していたが、昭和50年（1975）にロケットペンダントのなかに入れて所持するようになり、現在はセラミックやチタン製になっている。真光系の教団でもお守りとしてペンダントを使用。

●不成仏霊を成仏させる霊符

神奈川県川崎市多摩区宿河原の新明国上教会（関山盛衆〈1873〜1952〉教祖）で発行している御札「梵念梵徳」を家の東西の方向に貼る。すると、家のなかに籠っている不成仏霊が浄化されるという。人間に居候もいるように、死霊の居候もいるとされ、これを貼ることで、人の目に見えない巡査（神の眷属）が、その居候を連れ出してくれるという。ちなみに「梵念梵徳」を貼れば、少し具合の悪くなる人もいるらしい。それはその居候が出ていくのに「あだ」をしていくためとされる。だが、御札の守護により悪化することはないという。

病人を回復させる霊力のある「祈禱札」もある。病人の枕の下において回復を願えば効果があるとされる。

●石笛

穴の開いた小振りの石で、息を吹き掛けて鳴らす。神道系の宗教者が招霊や浄霊、鎮魂、帰神のために使用する。神道霊学の行者本田親徳（1822〜1889）が琴の代わりに石笛を用いたことで知られる。神社の境内や清浄な海岸や川などで偶然に発見される場合がある。

●梓弓

梓で作った弓で、イタコなどの一部が交霊のために使う。奈良時代を中心に江戸末期ころまでつくられた。本来は武器であるが、伊勢神宮の神宝などにも使用された。神の神威の象徴であり、弦を弾いて出す音が邪気を祓う呪力があるとされる。その音色に触発されて霊媒が憑霊状態にもなる。梓はカバノキ科のヨグソミネバリとされる。交霊状態を誘発するという楽器には大和琴や太鼓などもある。

憑霊を見分けた近代宗教最大の術者
出口王仁三郎
vs. 悪霊・邪霊

生没年 1871～1948年
出身 丹波国（京都府）桑田郡（亀岡市）穴太村（曽我部町穴太）

　出口王仁三郎といえば、神道系の新宗教・大本の教祖であるだけでなく、霊学や神道行法（ぎょうほう）の大家でもあった。

　明治4年（1871）に京都府亀岡（かめおか）市の農家に生まれ、霊学と神道行法を修得後、大本の開祖出口なおと出会い、明治25年（1892）に大本を開教。その後、なおの5女すみ（2代教主。1883～1952）と結婚。当時の神道国家体制の枠を超えて幅広く布教活動を展開。そのため、2度にわたって弾圧を受け、戦後、大本を再建した。

　王仁三郎によると、霊には正神界（せいしんかい）系と邪神界（じゃしんかい）系のものに2分され、その見分け方がある。

　正神界系の霊であれば、額が熱く感じ、邪神界系の霊ならば、首筋や尻のあたりから入り込むような感じがするという。

　邪霊に祟られてひっくりかえっているような人に対しては、その人の足の裏に「艮（うしとら）の金神（こんじん）」と筆で墨書（ぼくしょ）すれば正気に戻るとされる。艮の金神とは、大本の開祖出口なおに神憑った最高神である。

　霊的なことに携わっている人のなかには病気でもないのに、霊的な影響で、心身に不調を来すこともある。その際は、ブドウか干しブドウを食べれば、霊体一致の理により精霊が元気になり、もとに戻るという。ワインも邪気を祓う作用があるとしている。

　また、タバコは健康面に害があるとされているけれども、王仁三郎はタバコの煙は邪気を祓う効果があると述べている。ただし、タバコを吸ってはダメで、吹かすところに意味があるという。ちなみにタバコのルーツをさかのぼると、タバコは南アメリカで呪術師が邪気を祓ったり、薬用として用いていたものであり、その点、王仁三郎の見解と一致する。王仁三郎の弟子の岡田茂吉も邪気祓いとし

てタバコを吹かしていた。

　悪霊を避けたり、悪霊に憑依されないようにする究極の霊的な祈りの言葉が「惟神霊幸倍坐世（かんながらたまちはえませ）」である。

　護身用としてこれを覚えておくと、どんな状況下でも神の絶対的な守護があるとされている。

　邪霊に憑依されているかどうかを手っ取り早く見分ける秘法の1つに、その当事者を大本本部の境内地（霊地）に連れて行くという場合もあるようだ。

　邪霊に侵されている場合、境内地に近づくにつれて恐ろしがり、足を踏み入れることを拒んだり、泣き叫んだりするという。神業奉仕者などが当事者を祓いきよめたり、『天津祝詞』を奏上すると邪霊は改心して正常に戻ったりもする。

　大本本部は京都府亀岡市天恩郷（てんおんきょう）と京都府綾部市梅松苑（あやべばいしょうえん）の2か所が中心である。

　悪霊や邪霊を本格的に改心させる霊的行法として鎮魂帰神法（ちんこん）というものがある。厳密には鎮魂法と帰神法を連続しておこなう。現在の大本本部では鎮魂法のみをおこない、帰神法を廃絶しているが、大正から昭和初期にかけては盛んにおこなわれていた。

　どういうふうにおこなうかというと、鎮魂法は当事者を正坐させ、鎮魂の印を組ませ、その霊魂を臍下丹田（せいかたんでん）（へそと恥骨との間の腹中にあり、東洋医学の身体論では心身の活力の源である気の集まるといわれるところ。たんに丹田ともいう）にしずめるというものである。

　帰神法は審神者（さにわ）が鎮魂状態にした人を霊的に発動させて神憑りにさせ、憑依した霊をさまざまな角度から審査して、その霊が正神界か邪神界かを判断する。そして邪神界系であると分かった場合は、その霊を教化して正神界へと導くのである。

　帰神法は審神者の霊格がよほどしっかりしていないと、かえって危険であるとされている。そのために、現在では帰神法に頼らなくでも、み手代という竹製の杓子を用いた霊的な秘法や祝詞奏上などによって悪霊を教化することが可能とされている。いわゆる迷っている亡霊なども大本の伝統的な祝詞奏上などでおさまるという。

岡田茂吉
病人に触れず「手かざし」で癒した教祖
vs. 邪気・邪霊

生没年 1882～1955年
出身 東京府（東京都）浅草区（台東区）橋場町（橋場）

　手をかざして病人に憑いた邪気や邪霊など浄霊する方法を確立したのが、世界救世教の教祖岡田茂吉である。

　浄霊法は正しい神の光を取り次ぐ方法である。当初は岡田茂吉がおこなっていたが、弟子や信者にもその方法を解放した。

　浄霊をおこなう資格者は教主から授けられたペンダント（お守り）を首に掛けることで得られる。神霊の光が各人のお守りと通じ、手のひらを経由して病人に放射されるという。

　方法は、浄霊を取り次ぐ者が、相手に向かって座り、心をしずめて合掌、『天津祝詞』を唱えて相手の幸福を祈ってからはじめる。

　相手に向ける掌は、相手に触れてはならず、必ず相手からおよそ20センチないし30センチ離し、腕に余分な力が入らないように楽な気持ちでおこなう。注意事項としては自分の霊力で治すのではなく、神にすべてを任せるということである。したがって絶対に力んではならないのである。

　浄霊の順番は相手の前頭部からはじめ、身体の前面、背面の順番でおこなう。上から下へ全身を浄霊するのが理想である。浄霊時間は1回が15分から30分が原則である。浄霊を繰り返しおこなうことで相手の心身は浄化されていき、病霊の憑依も不可能となるとされている。

　幽霊が出るとされる家や場所などでも手をかざす浄霊によって空間が浄化されるという。その方法は『天津祝詞』を奏上後、怪異現象が起こる方向に手のひらを向けて浄霊する。あるいはそのスポットの中央に立って東西南北に手のひらをかざすやり方などもある。

COLUMN

現代のゴーストハンター

イタコとユタ

　イタコは東北の青森県を中心とした民間の巫女で、ほとんどが盲目か弱視の高齢の女性である。師匠について神寄せや口寄せの経文や祭文を習うほか、大祓（中臣の祓とも。人々の罪やケガレを祓いきよめる神事。中古以降、毎年6月と12月の晦日を恒例とし、臨時に大嘗祭の前後、疫病・災害などの際にもおこなった。6月を夏越の祓・夏祓、12月を年越しの祓という。現在でも宮中や神社の年中行事の1つとなっている）や九字といった祈禱法や筮竹（易占に使われる50本の竹ひごのようなもの）などによる占術を伝授される。最後に神憑けの儀式により自らの守護神と守護仏を感得して正式にイタコとなるわけだ。

　日本三大霊場の1つとされる恐山（青森県下北半島）の大祭時などでは参詣者の依頼に応じてホトケの口寄せをおこなう。口寄せは必ず死者の供養をともなうものでもある。

　病人祈禱では占いをおこなって、祟りの原因を調べることからはじめる。その結果、狐・蛇・猫などが祟っていると分かれば、祟りを祓うために祈禱するのである。

　沖縄の民間の霊能者をユタという。イタコと同様に、巫女が神憑りになって霊魂を呼び寄せ、その意思を伝え告げ、祈禱や占いをおこなったりする。

　ユタはその霊能によって霊界と現世の中間領域を霊査し、依頼者の悩みや問題を霊的に解決できるとみられている。

　最近のことであるが、沖縄県那覇市内のある家の主婦が髪の毛が抜け落ちる病気になった。同じころにその夫や子供たちも頭皮に腫瘍ができ、病院で診察したが、良くならない。ユタの家を訪ねて相談した。ユタは神に祈ると、「あなたは最近、よそから家の敷地に土砂を運びましたね」と告げた。図星である。

　「その土は古い墓跡の土なので、それが祟っています」ということであった。調べてみると、指摘どおりだったので、ユタの指示に従って、土砂を掘り起こし、清浄なものと入れ替えてお祓いをしてもらうと、家族全員の奇病が治ったという。

第3章
世界のゴーストハンター

国情・民族に応じ、ときとともにゴースト、ゴーストハンターの概念や手法も形を変えながら伝えられてきた。先進文明の地アメリカからカリブ海、南アジア、イギリスまで、今も息づくゴーストハンターの伝統を紹介する。

世界のゴーストハンターの概念

世界中に存在するゴーストハンター

　　　　ゴースト、そしてゴーストハンターたちは、人間の歴史とともに常に存在してきた。

　　　　宗教がそれぞれの国や民族を背景に独自の発展をとげたり、他の宗教や伝統と混じったりしていくのと同じように、ゴースト、ゴーストハンターの概念、そしてその手法もまた、国や民族に応じて生まれ、色づけられ、発展していくものである。

　　　　現在では世界中のさまざまなゴーストハンターの情報が手に入れやすくなったとはいえ、本当にゴーストハンターを理解しようとするなら、テクニックのみに注目してすべてを混同して考えるのではなく、特定の国や民族の背景、宗教的思想、時代を追っての変化、他の伝統との混合といったものを理解していく必要があるだろう。

　　　　たとえば、ゴーストにしても、死んだ人間そのままの姿でイメージされることが多い。しかし文化によっては、人間の魂は鳥や動物の形でイメージされることもあるのだ。

　　　　日本でも、独自の幽霊の概念がある。日本の幽霊は17世紀ころから足のないものとして描かれ、円山応挙（1733～1795）の絵によってその概念が広まったが、海外の幽霊は足があるものが多い。日本の幽霊にしろ、おそらく17世紀以前には足があったと思われていたかもしれない。

　　　　幽霊を祓う方法にしても、特定の宗教や文化によって、幽霊の弱点について独自の考えがあって、それに従うかもしれない。

　　　　ゴーストハンターの呼び名や、ゴーストの名前も、文化によって異なるのはいうまでもない。ゴーストハンターという呼び方はあくまでも英語の総称であり、通常はその国の用語、その宗教や背景に沿った呼び名、などがあるだろう。もしくは特定の宗教の司祭がゴー

ストハンターやエクソシストの役割を兼ねていることもあるだろう。

　この章では、世界に無数に存在する悪魔祓いや幽霊除けの呪術、ゴーストハンティングなどの実例をいくつか取り上げ、紹介した。

　残念ながら、これらの伝統的・オカルト的・呪術的なゴーストハンティングは、その実態を知ることが容易ではないことも多い。たとえば、本章でも取り上げたようなサンテリアでは、表面的なテクニックの一部は外部に知られているとしても、本当のところはその伝統の秘儀に参入し、内部の人間から教わらないと分からないものなのである。

　特定の文化や民族に根づいた伝統の話となったとき、よく疑問として挙がるのが、「文化を越えた手法が通用するのか？」という点である。

　たとえばフィリピンの心霊術師がおこなう悪魔祓いの方法が、違った概念・背景思想をもとにおこなわれるジプシーの悪霊吸血鬼に通用するのか？　西洋原産のきよめのハーブを用いた除霊が、そのハーブを見たこともない東洋の幽霊に通用するのか？　といったことである。

　2つの視点から答えがあるといえるだろう。表面的な思想・方法論だけなら、必ずしも通用しないといえるかもしれない。実際のところ、土着の伝統に属し、その思想や実践の範囲でゴーストハンティングをおこなうようなシャーマン的な呪術師などは、他の伝統や国のゴーストの概念を知らないことも多いだろうし、理解すらできないこともあるかもしれない。

　しかし、もう1つの考えがある。使われる神の名前、象徴、動作などは結局「本質的な力の流れ」の象徴であるという考えだ。表面は違っていても、その背後にあるのは、何かの力（たとえば幽霊より強い神の力や名前など）を用いて、邪悪なもの、危害を加える存在などを祓おうとする行為である。

　その意味では、表に見えるものの背後にある「力の流れ」や法則をきちんと理解し、実際にその力の流れを使えている限りは、特定の文化に属するゴーストハンティングの方法であっても、他の文化のゴーストを有効に祓うということができるだろう。

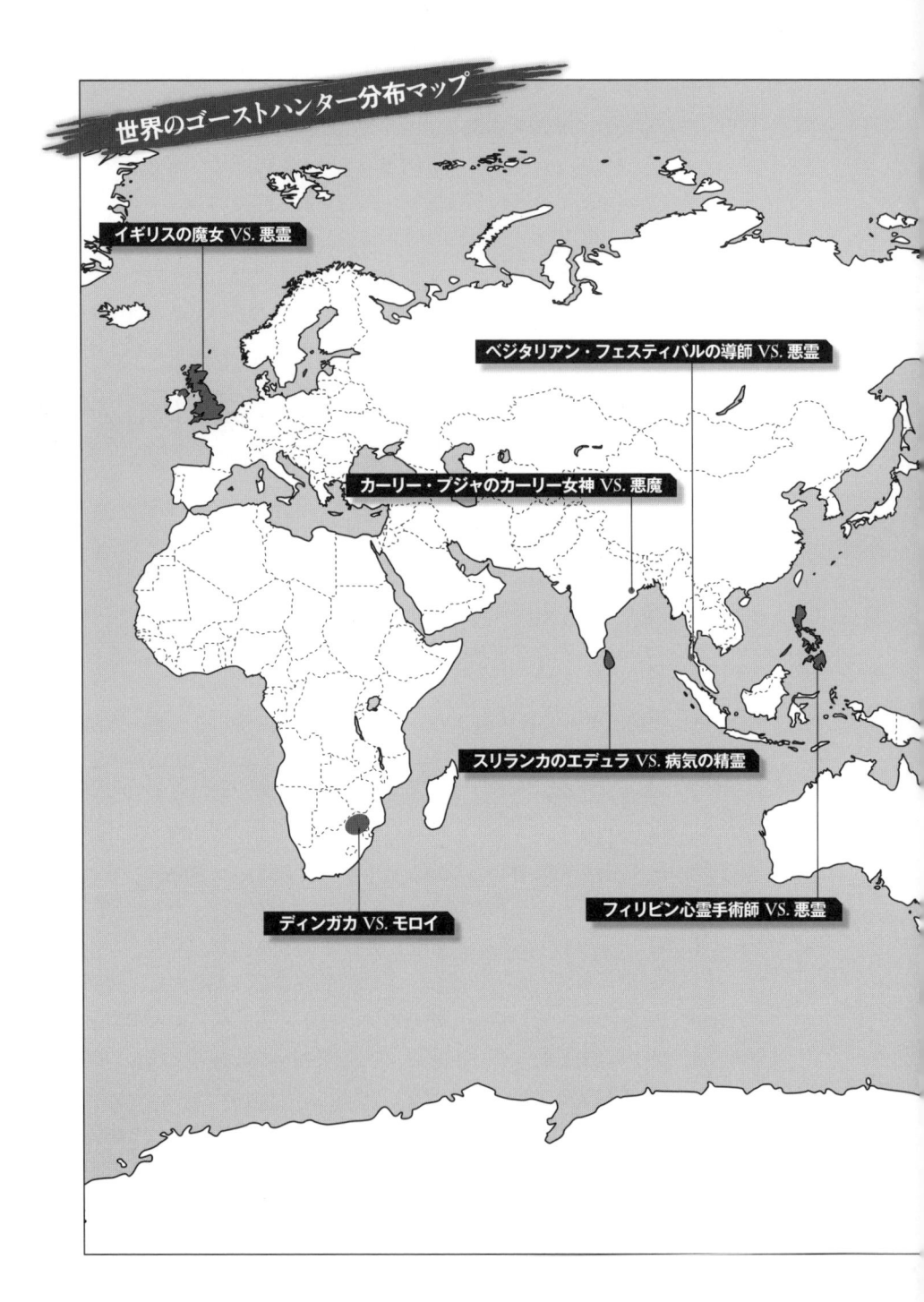

世界のゴーストハンター分布マップ

- イギリスの魔女 VS. 悪霊
- ベジタリアン・フェスティバルの導師 VS. 悪霊
- カーリー・プジャのカーリー女神 VS. 悪魔
- スリランカのエデュラ VS. 病気の精霊
- ディンガカ VS. モロイ
- フィリピン心霊手術師 VS. 悪霊

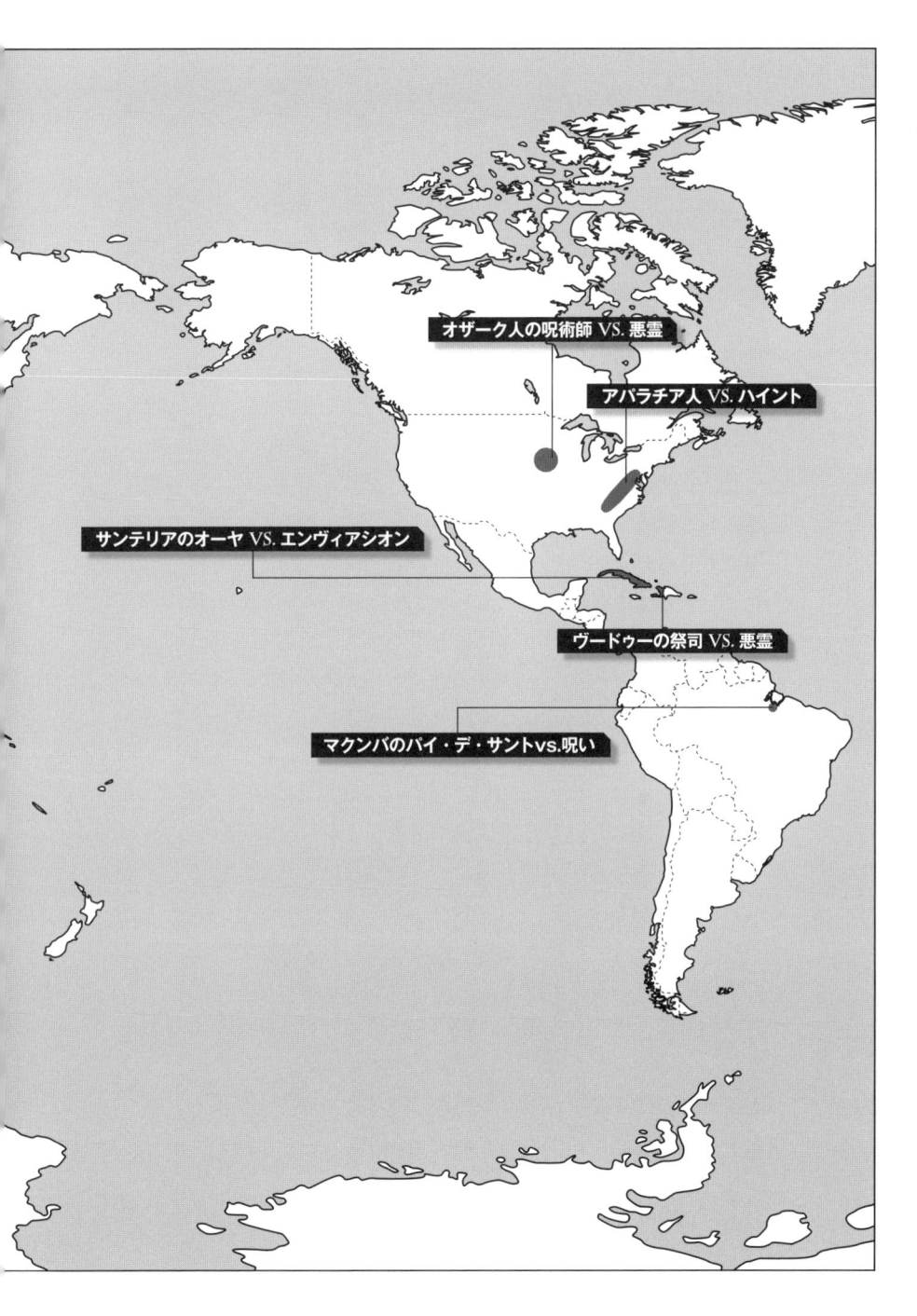

第 3 章　世界のゴーストハンター

オザーク人の呪術師 VS. 悪霊

アパラチア人 VS. ハイント

サンテリアのオーヤ VS. エンヴィアシオン

ヴードゥーの祭司 VS. 悪霊

マクンバのパイ・デ・サントvs.呪い

オザーク人の呪術師

vs. 悪霊

古き時代の呪術や迷信が豊富に残るオザークの呪術師

地域 アメリカ合衆国 アーカンソー州・ミズーリ州 オザーク高地

　オザーク人とはアメリカ合衆国中央、主にアーカンソー州とミズーリ州に広がるオザーク高原に住む人々のことである。彼らの多くのルーツはスコットランドやアイルランドからの移民とオザーク人であり、宗教的にはキリスト教徒が多いが、オザークは、ある程度隔離された環境のため、古い時代の呪術や迷信が豊富に残っている土地でもあるのだ。

　オザークでは悪霊に対応するための方法がいくつか伝わっている。キリスト教的な影響がみられるものだが、効果的だとされ何人もの呪術師によって用いられているものが、「神の名によって」という言葉を使い悪霊と語ることによって、悪霊をコントロールすることである。場合によっては、「父、子、聖霊によって」とつけることもあるという。

　家のなかに知り合いの浮遊霊がいる場合、シンプルな除霊方法が用いられる。その霊の墓場を探し、その墓場のうえに、霊をしずめるために石をおくのだ。

　石は小石でも、大きな石でも、ある程度の量の砂利でもかまわない。象徴的に、石という「重し」を、死者の墓場に置くことによって、その霊に「重し」を載せ、動けなくするという意味があるのだろう。

　オザークの伝統では、家を悪霊から守るための方法もある。ホウキを十字の形に家の玄関におくのである。

「伝統的な魔法が残る地域」のまじない
アパラチア人
vs. ハイント(精霊)

地域 アメリカ合衆国アパラチア山脈の周辺の州

　アパラチア山脈地方とは、アメリカ合衆国の東部にあり約2,600キロにわたる、アパラチア山脈の周辺の州、すなわち、ウエスト・バージニア、バージニア、ケンタッキー、テネシー、ノース・カロライナ州の一部もしくは全部を指す。

　アパラチア山脈地方も、オザーク高原地域同様、ほかの地域とある程度隔離されていたため、独自の魔術的伝統が多数残っており、アメリカの数少ない「伝統的な魔法が残る地域」であるとされている。

　アパラチアでは、幽霊や精霊のことを、「ハイント」と呼ぶ。それはつまり、英語のホーント（haunt）、「（幽霊が）取り憑く、出没する」がなまったものではないかといわれている。突然家の時計が逆に動くことは、ハイントがやってくるサインであるという。

　霊が家に入らないようにするため、バジル（スパイスの一種）の乾燥したものを家に吊すと良いという。

　家に入る際に、反時計回りに3回回ることも、憑いてきた霊が家に入ることを防ぐためにおこなわれていたおまじないである。

　3回回ることによって、霊の方向感覚を狂わせ、憑いてこれないようにするという意味がある。興味深いことに、ヴードゥー教の葬式では、霊が憑いて戻ってこれないようにするため、葬式の後墓場に死体を持っていく際、途中でまわったり、まわり道をしたりするという。

誤解された西アフリカ起源ヴードゥー教の"呪力"
ヴードゥーの祭司
vs. 悪霊

地域　ハイチ共和国

　カリブ海に浮かぶ黒人最古の共和国（1804年フランスから独立）、ハイチ。黒人最初の独立国でありながら親子2代わたって30年以上続いたデュヴァリエ独裁政権の恐怖政治。度重なるクーデター、その後の無政府状態。

　ハイチのヴードゥー教（Voodoo、Vodou、Vodun）は独裁者にさんざん利用されてきた。独裁者はトントン・マクートと呼ばれる治安警察にヴードゥー教の信者を多数取り込み反政府活動する政敵を抹殺。それをヴードゥー教の呪いだと信じ込ませた。また独裁者はヴードゥー教のもっとも恐れられている死神・サムディー男爵の正装である燕尾服にシルクハットといういでたちで身をさらし、人々に恐怖を植えつけた。その結果、ヴードゥー教は宗教というより呪いによって敵を殺すオカルト的な黒魔術としてネガティヴな印象ができてしまった。しかし、少しずつ政権が安定しはじめるとヴードゥー教は本来の姿を回復しはじめ、宇宙と交信するエロティックなアフリカのアニミズムが出現した。

　ハイチの首都ポートプリンスの郊外では今でも儀式を見ることができる。儀式がはじまったのは夜の8時を過ぎたころだった。電気もほとんどないスラムに軽快なドラムの音が流れ、誘われるように信者たちが集まってくる。今日の集会は信者の1人に悪霊が取り憑きそれを取り祓うためだ。

　ヴードゥーの教会にはフンフォーと呼ばれる1本の柱を中心にきよめられた祈禱場がある。教会のこの柱は遠く西アフリカの村の広場にあった霊が宿る聖なる木だ。儀式に先立ちフンガンと呼ばれる祭司が2時間ほどかけて祈禱場の床に小麦粉で魔法の絵を描く。模

第３章　世界のゴーストハンター

様の持っている意味は今日呼び出す霊であり、それを知っているのは祭司だけだ。

やがて、ヴードゥー教特有の打ち鳴らすドラムを合図に儀式がはじまる。祭司が柱に聖霊が好きな酒やお供えを祭り、祈りの声を上げる。ドラムがいっそう激しく打ち鳴らされ信者たちは教会の中心の柱を軸にして歌い踊りながら円になってまわる。打ち鳴らされるドラムのなか、何度も何度もまわるうち、1人の信者が激しく床を踏みならして踊りはじめ、また地面を転がり出した。祭司が差し出す生の鶏を丸ごと食いちぎったあと、ついに体を痙攣させながら失神してしまった。祭司によって白いシーツ包まれ、隣にある真っ暗な聖室に寝かされる。

聖なる柱に何度も酒が掛けられ、その間も信者たちは柱の周りを取り憑かれたように踊りながらまわり続ける。

苦しみや病はなんらかの悪霊に取り憑かれたせいだと信じられているため、治療するためにはその悪霊を退治しなければならない。そこで霊と交信し悪霊を追い出そうというわけだ。20分ほどして白い布に包まれたままの信者が再び教会に運び込まれる。酒をそそがれ刀でたたかれた後、シーツがはがされると失神していた信者は、何もなかったような顔で眠りから覚める。

アフリカ土着信仰とカトリックが融合して生まれたカリブの宗教
サンテリアのオーヤ
VS. エンヴィアシオン（悪霊）

地域 キューバ共和国

サンテリア（Santería）とは、アフリカ人の奴隷たちがキューバに持ち込んだナイジェリアのヨルバ族（ナイジェリア連邦共和国の南西部に分布する民族。1960年にイギリスから独立したナイジェリアでは、北部に居住するハウサ族に次ぐ人口を持つ）の信仰が、

カトリックの聖人崇拝と結びついて生まれた宗教のことである。

土着の信仰を禁じられたアフリカ人たちは、アフリカ人の神々とキリスト教の聖人を同一視することにより、表向きはキリスト教に改宗した振りをし、ヨルバ人の神々を崇拝し続けたのだ。

有名なヴードゥー教は、アフリカのダオメー（現ベナン）の信仰がキリスト教の隠れ蓑のもとに生まれた宗教であるが、そういう意味ではヴードゥーとサンテリアは宗教的姉妹であるといえる。

ヴードゥーとの大きな違いは、サンテリアではヴードゥーの特徴であるロア（精霊）による憑依が重視されないことであろう。崇拝される対象もヴードゥーのように多くないし、サンテリアではタカラガイを使った占い（神託）が非常に重視される。

サンテリアとはスペイン語で「聖人の道」「聖人の崇拝」を意味する。だが、これは実際の信者たちがつけた名前ではなく部外者が使った名前であるため、実際の信者たちは、ヨルバ人のことを意味する「ルクミ」の宗教、もしくはルクミの道、と呼ぶことが多い。

サンテリアでは、オリシャと呼ばれる存在たちに願いを掛ける。オリシャとは、聖人のことである。

守護やお祓いのためにオリシャに願いを掛ける儀式や呪術を、エッボと呼ぶ。エッボは1つの儀式のことではなく、多数の儀式が存在する。

サンテリアにおいて、呪い、霊による悪夢、取り憑いた悪霊などを追い払うためにおこなわれるエッボの1つを紹介する。ちなみにサンテリアでは、悪霊のことをエンヴィアシオンと呼ぶ。これは文字どおりには、「送ること」の意味である。

このエッボでは、オーヤと呼ばれるオリシャに祈願する。サンテリアでは、唯一の名前なき神を認めており、オリシャとはその神が特有の性質を持って姿をあらわした、「小さき神」や「精霊」であるといえるだろう。

オーヤは墓場の主であり、竜巻や、竜巻に象徴されるような突然の大変化をつかさどる、戦いの女神である。西アフリカを流れるニジェール川の女神でもある。カトリック教会の聖人、「リジューのテレーズ」と同一視される。墓場の主そして戦いの女神として、死者

の霊や呪い、悪霊を追い払うために力を借りるにはもっとも適したオリシャだといえるだろう。

オリシャへの供物としてよく用いられる「茄子(なす)」を、9つにスライスする。サンテリアでは、それぞれのオリシャが好む供物(野菜や果物など)と、その数が決まっていることが多いようだ。

キャンドル3本を3つに割ったもの(つまり9つになる)をスライスのうえに立てる。そこに、9つのココナッツ、9個のキャンディを加える。

呪いや悪霊を取り祓いたいものは、これらで体中をこすり、自らを浄化するのである。

終了後、これらは紙袋に入れ、9つのペニー硬貨とともに、オーヤのつかさどる場所である墓場に持って行き、オーヤに霊や呪いを取り除いてくれるよう誓願する。9という数字はオーヤの数字である。

紙袋はそのまま墓場に残してくる。

華やかな装いはオーヤのものであるため、オーヤの崇拝者たちはオーヤを怒らせないよう、華やかな服は着ないとされているようだ。

このエッボと同時に、さらなる浄化のために、サンテリアやヴードゥーでおこなわれるのが薬草を用いた入浴である。しかし残念ながら日本で手に入らないハーブや未知のハーブが使われることも多く、その詳細を伝えることは難しい。

別の方法として、2羽の鳩で体中を撫で(鳩を傷つけないように)、その鳩を空に放つことで、ネガティブなものを捨てるという手段もある。

なおサンテリアはヴードゥーと同じく、本来は正式な秘儀参入の儀式を受けた者だけに公開される宗教であり、そのオリシャは強烈な存在である。サンテリアの術やオリシャは、サンテリア信者以外の者が手を出すべきものではないだろう。女戦士であるオーヤの気性は、特に激しいことが知られているので、なおさらである。

西アフリカから奴隷が持ち込んで生み出した白人憎悪の呪い
マクンバのパイ・デ・サント(司祭者)
vs. 呪い

地域 ブラジル連邦共和国

　現在、世界の二大黒人カルト宗教と呼ばれるものに、ハイチを中心としたカリブ海諸国のヴードゥーと、ブラジルのマクンバがある。この信仰はもともと西アフリカのルクミ族が信仰していたものであり、ブラジルではマクンという。そのマクンを神格とした宗教をマクンバという。しかしマクンバは宗教というより、黒人の白人に対する憎悪から生まれた呪いだ。

　1500年にポルトガルがブラジルを発見して以来、侵略者キリスト教徒のあくなき欲望の前に、ラテンアメリカ大陸は略奪と殺戮の大陸となった。そして一方でアフリカから強制的に連れてこられた黒人奴隷に対する強制労働と迫害の歴史でもあった。黒人たちに許されたのは、つらい生活を忘れるために、歌い、踊り、祈ることであった。そこから生まれたのがサンバであり、そのなかで、あからさまに白人に対する憎悪をむき出しにしたのが、マクンバである。

　アマゾン河口の町ベレン——。

　今もマクンバがおこなわれている町である。

　マクンバはブラジルのカンドブレのなかでも密やかにおこなう人を呪い殺す呪法だ。マクンバを行使する教団の団結は強く一見クリスチャンを装っていて信者以外の参加は困難をともなう。

　教団は教区ごとに独立していてバイ・デ・サントという司祭者に率いられている。その儀式は曜日ごとに定められた神を祭っておこなわれる。悪の化身ニシュと天然痘の神シャバナンをたたえる月曜日。集会は郊外の下町で真夜中にはじまった。ねっとりする蒸し暑さは夜中になっても変わりなく、アマゾンの巨大なジャングルを背景にスラムが広がっているのだが、闇のとばりがすべてを飲み込

世界のゴーストハンターの事件簿

でいた。

　教会の床には時計盤のような大きな円が描かれていて、神々を象徴する8つの図に蠟燭が灯されている。アタバケと呼ばれる太鼓が打ち鳴らされ神への讃歌が歌われ儀式ははじまった。それに合わせて信者たちも手拍子をとる。10人前後の男女が2列に並んで踊りはじめた。霊が取り憑いた人は霊固有の行動を起こす。全身を弓なりに硬直して床に倒れこむ者、両足でぴょんぴょんと飛び跳ねる女性、教会は異様な雰囲気に包まれていく。

　そのとき、赤いマントをひるがえしてパイ・デ・サント（司祭者）が奇声を発しながら信者のなかに入ってきた。

　束ねた蠟燭の灯を傾け、腕や口のなかに水のように溶けた蠟を流し込む。そして生贄の黒い鶏の首に吸血鬼のようにかぶりつくと口から鮮血が流れ落ちた。これは信者がマクンバ（呪殺）を掛けられたのに対し呪殺返しの儀式だという。

　マクンバに対抗するにはマクンバで返すしかないのだ。どちらに死人が出るのか分からないが壮絶な命を懸けた儀式だ。

フィリピン心霊手術師

カトリックの悪魔祓いから影響を受けた道具不要の"心霊手術"

vs. 悪霊

地域 フィリピン共和国

　フィリピンでは現在でも、悪魔や悪霊に取り憑かれたという話が聞かれる。フィリピンの人口の90パーセントはキリスト教徒であり、フィリピンのローマ・カトリック教会には、公認エクソシストまでいるという！　そのためフィリピンの悪魔祓いは、カトリックの影響を受けたものが多いようだ。

　フィリピンでは、心霊手術と呼ばれるものがおこなわれており、彼らは道具を使わずに、手だけで手術をおこなう。手が体のなかに

入り、病変部を取り除き、その手を抜くと、不思議なことに皮膚は閉じているのだ。もちろんこれは、ただのトリックであると考える者が多い。

そのような心霊手術師の1人がおこなう悪魔祓いは、次のようなものである。

術師は、患者（悪霊に取り憑かれた人）を横たえる。術師は患者の足の親指に両手をあて、悪霊が去るように、悪霊に向けて叫ぶ。そうして、足の先から悪霊を抜き取り、悪魔を祓うのだ。

面白いのは、悪魔祓いの儀式の間、心霊手術師のアシスタントが、ずっと、取り憑いた悪霊に対して笑い続けるという点である。笑いとは明るい波動を持つものであり、おそらくそれにより悪霊の力を弱める効果を持つのだろう。

このとき、悪魔祓いを受けている患者は、激痛を感じ、ときとして暴れるという。おそらく、離れたくない悪霊が激痛を起こすのだろう。

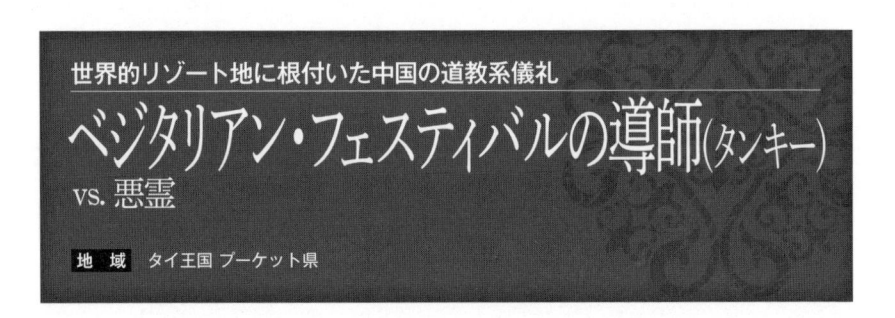

世界的リゾート地に根付いた中国の道教系儀礼
ベジタリアン・フェスティバルの導師(タンキー)
vs. 悪霊

地域 タイ王国 プーケット県

世界的なリゾートとして有名なタイのプーケット。毎年10月、西洋人がビーチでのんびりと日焼けなどを楽しんでいるとき、この街の市内では世にも残酷な祭りがおこなわれていることはあまり知られていない。その祭りの名前は通称「ベジタリアン・フェスティバル」と呼ばれるが、祭り自体きわめて強烈である。

祭りの由来は19世紀にさかのぼる。このプーケットには有数な錫鉱山があり、その労働者として中国からの入植者は3万人以上に及んだ。1825年、この島に悪疫（マラリヤ）が大流行、民族存亡の危機にさらされていた。そのときたまたま慰問としてやってきた

中国京劇団が道教の儀礼でこの厄病を追い払ったことからはじまる。彼らは徹底的な菜食をもって身をきよめ偉大なる導師、九皇大帝（「九皇爺」「九斗氏」、たんに「九皇」とも書く。東南アジアに居住する華僑たちに信仰されている道教系の神。北極星を周回する9つの恒星〈北斗九星＝中国で北斗七星に輔星・弼星を加えた呼び方〉のこと）に祈りを捧げた。

やがて悪病はおさまり、それ以来人々は中国寺院を建て母国から祖神を取り寄せ、毎年秋になると偉大なる九皇大帝をたたえるために祭りをおこなってきたのである。

そして祭りの当日、中国寺院では耳を劈く太鼓と爆竹の音だ。寺院前には黄色の幕や旗を掲げた即席の菜食屋台も並ぶ。

1か月前から酒、肉を絶ち菜食に徹して身をきよめた信者たちは祖神に祈ったあと、導師(タンキー)の前に進み出る。タンキーたちは信者たちの頬に金属のパイプを差し込み、そのパイプを抜くタイミングに合わせて、刀、ゴルフクラブ、なかには自転車などを差し込んでいく。そして道教の神像を抱えた人を先頭に参道から市内へと繰り出して行った。

植木やら鎖など頬などに刺した信者たち家の前を通過するとき、家族たちは祭壇をつくり各家々に苦行者があらわれると家族全員が出迎えて一緒に祈る。これに加えいくつかの寺院で、焼けた石炭のうえを歩いたり刃でできた梯子を登ったりして苦行をおこなう。

特筆すべきは、この苦行の参加者は一般人であることだ。普段はホテルやオフィスで働いている人間が祭りの期間、家族や親戚を代表して自分たちの祖神に断食断酒を身体で示し無病息災を祈るのだ。頬に刺すのは刀、自転車、ゴルフのクラブ、植木などなんでもある。中国寺院を出発した数百人の行列は爆竹を鳴らし銅鑼をたたき、血を滴らしながら市内を行進する。タンキーたちはカンフーを舞い爆竹を鳴らし悪霊を追い払い、神々に家族の無病息災を祈る。銅鑼や爆竹は悪霊を追い払う意味がある。いくらトランス状態とはいえあまりにも痛痛しい悪霊祓いである。

邪悪な悪魔を殺したヒンドゥー教の女神カーリーに捧げた祭り
カーリー・プジャのカーリー女神
vs. 悪魔

地域 インド共和国 西ベンガル州 コルカタ周辺

　毎年10月、コルカタ（旧名カルカッタ）の街はインドの正月であるディワリーの祭りとカーリーの祭りが重なり喧騒(けんそう)となる。ディワリーは北インド全体で祝われる収穫祭で、カーリー・プジャ（カーリー神の祭り）はヒンドゥー教の神々の1柱で、血を好み破壊と殺戮をつかさどる女神である。街の名前であるコルカタは女神カーリーからきており文字どおりカーリー女神の街だ。

　コルカタではこの祭りの季節、カーリーの神像をつくり各町内の祠に飾り、お供えなどを供えて女神を祝う。また祭りの期間中、総本山でもあるカーリー寺院はたくさんの参拝者で埋め尽くされ大変な喧騒となる。カーリー寺院の参道では、お供え用の花や砂糖菓子、ココナッツなどの店が並び、寺院からは絶えずカンカンという鐘を打ち鳴らす音が聞こえてくる。ここまでは他のヒンドゥー寺院と変わらないがこの寺院の特筆すべき違いはカーリー女神が血を好み多くの生贄が供養されることだ。

　カーリー女神が祭られる神殿のすぐ横には聖なる生贄の聖壇があり、黒い仔(こ)山羊を連れた家族が列をなしていた。

　この聖壇では朝早くから次々と山羊の首を生贄として裁断するため、あたり一面が血の海と化しており生臭い血のにおいが充満していた。バラクと呼ばれる首切り台では次から次へと仔山羊たちの首が刎(は)ねられていく。この儀式に立ち会えるのは依頼主の家族と作業人だけの聖なる空間だ。仔山羊たちも自分の身に何が起きているのか察するのかメーメーと泣き声をあげて抵抗するが、首を台のうえに添えられると長い太刀が一気に振り下ろされる。太鼓が鳴らされ、カーリー女神に生贄を捧げた家族は家長から順番に仔山羊の首

を切り落としたばかりで血が滴る台に額を押しつけたり、指に取って自分の額に血をつけたりして、家族全員がカーリー女神に家内安全を祈った。

またこのカーリー神は特に女性に強く信仰されている。破壊と創造の神であるシヴァ神の妻の化身の1人として数えられ、ときにはシヴァ神以上に残酷で血なまぐさい行動をとる。この女神のエネルギーこそがシャクティーであり、シヴァも妻神のシャクティーに支えられて神力を発揮することができるからである。

我々を守るために邪悪な悪魔を殺したカーリー女神に感謝して人々は生贄を差し出す供犠によって神との信仰の証を示すのである。

仏教以前の信仰に発する信仰治療家の伝統
スリランカのエデュラ(信仰治療家)
vs. 病気の精霊

地域 スリランカ民主社会主義共和国

エデュラとはスリランカの信仰治療家のことである。エデュラは、儀式などを執りおこなうとき以外、日常生活では通常の服を着用し、普通に暮らしている。

スリランカでは、病気には、悪魔や霊によって引き起こされるものがあるという。スリランカ人の多くは仏教徒だが、エデュラのおこなうこの病気の霊や悪魔を祓う儀式は、仏教以前の信仰にもルーツがある。この儀式は現在でもスリランカで見ることができるが、徐々に衰退している。

この儀式は一晩中おこなわれる。野外に設けられた祭壇の前に病人を座らせ、病気の霊に捧げ物をする。

人々は太鼓に合わせて踊りながら呪文を唱えたり歌を歌い、霊が体から出ていくようにお願いする。踊りのクライマックスは、病気の霊の主的な存在、「マハ・コラ」のマスクを被ったエデュラの登

場である。より強い存在によって、病気の霊を追い出すのだろう。

これらの病気の霊は本来無数であるが、原罪では、儀式で登場する霊は18に絞られ、それぞれ、「マラリア」「盲目」「悪夢」など、つかさどるものが決まっているという。それらの仮面も、病気の性質を反映しており、マラリアや高熱の病霊の仮面は、熱を示すような赤い色、炎、などが特徴的である。

この儀式はヤクン・ナティマ、つまり「悪魔の踊り」と呼ばれるという。

"神秘の部族" マタラ族の伝統医学に伝えられた呪術
ディンガカ
vs. モロイ(妖術師)

地域 南アフリカ共和国 トランスヴァール地方 マクガベング山

アフリカ大陸は精霊たちが今も息づいている場所である。その南アフリカ共和国の北西トランスヴァール地方のマクガベング山にマタラ族という部族が住んでいる。トランスヴァールの人々がもっとも遠ざけ、恐れている神秘の部族である。

その部族のなかで修行したディンガカ(Dingaka)がイギリス人のエイドリアン・ボーシャであった。ディンガカとは伝統的な医者であり、薬草や薬用植物に詳しく、伝統的な医術ボンガカ(Bongaka)に通じている。他方では霊媒・占い師として特別の修行をおこなった人たちで、魔術師・呪術師としての側面も併せ持っている。

医者としては、足首を複雑骨折したうえに壊死し、西洋医学では切断せざるをえない患者に、数種類の薬草と粘土とを調合して過熱した薬で治したという例が報告されている。

彼らは、誰かを稲妻に打たせたり、魔力を付与したり、掛けられた呪いを祓ったりする能力を備えている。精霊とコンタクトしトラ

ンス（憑依）状態となり、紛失物を見つけることができるし、病気、死、結婚、災害、損害などを察知し、適切な助言をおこなうのだ。

精霊と交流する際にトランス状態となったりするが、道具を使うことも多い。道具には骨、貝殻、棒などがあり、これを投げて占うのである。

ライアル・ワトソン著の『アフリカの白い呪術師』は、ボーシャの半生を追ったノンフィクションだが、「モロイ」と呼ばれる妖術師との対決が描かれている。ボーシャの友人が仔牛をめぐって対立したある家族から呪いを掛けられたのである。同書によって、再現してみよう。

対立する家族に雇われたモロイは、友人の村に稲妻を送り、落雷で山羊を殺し、2度目の落雷で牛を殺してしまった。最後には家族全員を殺すと宣言していた。

ボーシャは友人を救うため蛇（コブラ）を使うことにする。効果を高めるため、「死なない木」と呼ばれるコルクの低木を取ってきて砕き、雷・稲妻と関連づけられる樹皮・根・葉などと混ぜ、大カタツムリの殻に入れた。稲妻除けの薬である。

祓呪を宣言して、友人の家の庭に見物人を集め、儀式をはじめる。ボーシャは山羊の胆嚢(たんのう)を飾りにしたヘッドバンドをつけ、肩に真っ赤な布をかけてあらわれた。左手には大カタツムリの殻、右手には精霊箒(せいれいぼうき)が握られている。

庭を横切り、門のところまで歩いていくと、柱の1つを覆っていた毛皮をさっと取り払う。下からは双頭の動物の絵があらわれる。伝統的な魔除けの絵だ。さらに、庭の構造物の1つ1つに薬草の汁を塗ってきよめ、踊り出す。純白の雄鶏を抱いた友人も踊る。鶏の首を刎ね、引き裂いた友人は、ためらいもみせず胆嚢を飲み込む。ボーシャは各小屋の入り口に血をまいていく。作業を終えると、庭の中央においていた石蓋つきの大きな壺の前にあぐらをかいて座る。

ボーシャはやおら手を伸ばし壺の石蓋を払いのける。ハエたたきの小箒で壺の両サイドをたたくと、なかからコブラが立ち上がる。鎌首をもたげ、頸部を広げて、群集を見渡し威嚇する。棒でコブラの注意をそらしたボーシャは、コブラの首を摑み、壺から引きずり

出すと、「偉大な大蛇、自分の子を見よ」と山に向かって呼びかける。コブラの口を指でこじ開け、毒液を出させる。左手に受けたボーシャはそれを飲み干してみせた。それから中庭の境界線に沿って一巡し、四隅に唾を吐きながら、村を守る毒の障壁を築いていった。

　口から毒を滴らせていたコブラを見物人に混じっていたモロイの鼻から数センチのところに突き出した。ボーシャはそのまま、妖術師モロイと対峙したまま不動の対決を続けた。あたりを静寂と緊張が支配する。コブラがシューッと低い音を発すると、正気に戻ったモロイは震えあがり退散していったのである。それを見届けたボーシャもコブラを連れて静かにその場を立ち去った。呪いは祓われたのである。

世界に散った"移動民族"に伝えられた呪術
ジプシー
vs. ムロ(死霊)

地域 中東欧など

　移動民族として知られる「ジプシー」(Gypsy)とは「エジプシャン」(Egyptian)つまりエジプト人を意味する単語の頭のEが消え、ジプシャンとなり、それが「ジプシー」となったものだといわれている。それは彼らが、エジプトからきたと信じられており、のちに彼ら自身も自分たちが「小エジプト」からきたと名乗ったからである。実際のジプシーの起源はインド北部にあり、そこから世界各国に散っていった。現在では、ジプシーという言葉は差別語かつ誤解された言葉であるということから、「ロマ」(Roma)と呼ぶことが多い。

　ジプシーの魔術的信念は、ジプシー内の部族によって異なることがあるが、ゴーストハンターとして興味深いのは、ジプシーの「ムロ」であろう。

「ムロ」とは「死んだ者」を意味し、つまりは死霊のことであるが、これは主に吸血鬼化した死霊のことを指す。ジプシーの死者は、自分が死ぬ原因となったと思われる人のところにあらわれ、吸血鬼となって害をなすのだ！　生前、なしとげられなかった恋をなしとげるために、かつて想いを寄せていた人を死の世界に引きずり込もうとしたり、その人を霊になった状態で犯そうとすることもあるという。ムロになるのはジプシーの血を引いたものだけである。

人々は、ムロをしずめるために、そのムロの死体の心臓に鉄の杭をうち、スチールの粉を、耳や目のなか、指の間に入れるという。

文明国イギリスに伝承されたキリスト教よりも古い古代宗教
イギリスの魔女
vs. 悪霊

地域 イギリス

　魔女宗と呼ばれる、宗教的・魔術的・オカルト的な体系がある。英語ではウイッチクラフト（Witchcraft）、ウイッカ（Wicca）、などと呼ぶ。

　魔術やオカルトに興味のあったイギリス人の男性、ジェラルド・ガードナーが、1030年代に、「本物の魔女の生き残り」を自称するグループと接触し、秘密の参入儀式を通じて、その宗教に参加したことから発する。

　それはキリスト教より古い宗教であると考えられており、ガードナーの流派では、ケルト人、ゲルマン人などの魔術的要素と同時に、フリーメーソン、儀式魔術といった体系の影響も取り入れられている。魔女宗は多様な伝統であり、もちろん理論上は、ガードナーより古い流派や、より「純粋」な流派もあると考えられるだろう。

　魔女宗の考えでは、魔女とは悪魔崇拝者ではない。悪魔はキリスト教が魔女の「角ある神」を、わざと邪悪な存在だとしてつくり変

えたものであり、本来の魔女は、自然の神々を崇拝する、日本でいえば神道のような宗教の信者なのだ。言葉上は「魔女」となるが、男性も多数存在する。

魔女宗の魔女たちは、民間伝承に残るような魔法、占いをおこない、キリスト教以外の、いわゆる異教の神々を崇拝する。

彼らの伝統的な役割の1つが、エクソシズムや除霊である。

ここで紹介する除霊儀式は、魔女による除霊儀式の1例である。

魔女はこのような儀式の際、ローブ（法衣）を着用することが多い。色は、純潔・純粋さを意味する白が人気であるし、除霊にはふさわしいだろう。

まず除霊すべき家や場所の予備のきよめとして、塩をまく、除霊用のお香を焚いてその煙で場所をきよめるなどする。きよめのお香に使うハーブは決まっていないが、乳香、ローズマリーなどの浄化ハーブが向いている。

弱い霊ならこれだけで消えてしまうだろうが、強い霊が相手の場合、より強い儀式が必要になる。魔女は身を守るために、魔法円を設定するだろう。魔女の魔法円は9フィート（約2.7メートル）のサイズで、アセイミーと呼ばれる短剣で円を描き、4方向の守護者を呼び、場を守る。さらに、魔女の崇拝する神や女神を呼び、助けを求める。

ここで邪霊を祓う呪文や図形を使うかもしれない。

以下に挙げる除霊の呪文は、イギリス出身の魔女、故シビル・リークが用いたものがベースになっている。シビル・リークは、フランスで魔女宗に参入した魔女で、のちにアメリカに渡り、アメリカで著名な魔女となった。彼女は第40代アメリカ大統領ロナルド・レーガン（1911〜2004）の妻ナンシー（1921〜）の占星術師であったことが知られている。

彼女のおこなった退去の呪文は、正確には知ることができなかったが、その呪文にとても近いものが以下のものである。

「母なる女神の名において
女神ディアナの名において、去れ！
女神アスタルテの名において、去れ！
リリスの名において、去れ！

女神ブリギッドの名において、去れ！
全ての良き生き物の名において
この家を去れ！この家を去れ！
ここは我らの場所であり
我々はお前より強い！
全ての邪霊よ、去れ！
すぐに、この家より去れ！」

　しばしば魔女は、邪悪なものを祓うときに、ペンタグラムと呼ばれる星形を用いる。アセイミーで、星の左下の角からスタートし、上、右下、左上……と、一筆書きの星を描くのである。呪文を唱えながら、このペンタグラムを描くと効果的である。

　この退去の呪文の特徴は、魔女の崇拝する女神の名前がたくさん用いられていることである。

　邪霊より強い存在である神の名前を用いることは、悪魔祓いや悪霊祓いでは一般的だが、女神を崇拝する魔女としては、やはり、異教、つまりキリスト教以外の、宗教の神々の名を用いるのである。

　ディアナは、ローマ神話の月の女神であり、ギリシャ神話ではアルテミスとして知られている。しかし魔女宗の魔女がディアナといった場合、それは、一般に知られるローマ神話の女神とは違ったニュアンスを持つ。

　19世紀のアメリカ人の民俗学者、チャールズ・ゴッドフリー・リーランドは、イタリアのマッダレーナなる魔女の女性より、「古くから伝わる魔女の伝承」をまとめた「ヴァンゲロ（福音の意味）」を受け取る。リーランドはその本の伝承をもとに、『アラディア、または魔女の福音』という書籍を出版した。

　このイタリアの魔女神話のなかでは、宇宙の最初に存在していたのが創造の女神ディアナなのである。女神ディアナは、最初に存在した闇であり、のちに自分を半分に分け、そこから光の神ルシファー（ルシフェル）を生み出した（ここでのルシファーは悪魔ではない）。

　女神ディアナは、ルシファーと交わるために、ルシファーの可愛がっていた動物である猫に変身し、ルシファーの寝室に潜り込んだ。ベッドに潜り込んだディアナは女神の姿に戻り、ルシファーと

交わった。

　やがてディアナは、アラディアと呼ばれる魔女の女神を産んだ。ディアナは、キリスト教徒に迫害されている異教徒に魔法を教えて救うために、アラディアに、「最初の魔女」として、人間となり地上に降りるように指示した。

　この神話は、ジェラルド・ガードナーに影響を与え、世界中の魔女に知られることになった。つまり魔女がディアナといったとき、それは一般的に知られるローマ神話の女神ディアナではなく、イタリアの魔女たちの女王であり、強力な魔法の女神なのである。

　アスタルテは愛と性、戦いをつかさどるセム系女神であるが、他の女神たちと同一視されたり同じ起源であるとされたりしているために、その正体はさまざまな説がある。ギリシャのアフロディーテや、メソポタミアのイナンナなどとも関係している。魔王サタンに仕えるとされる悪魔アスタロトは、女神アスタロトが悪魔化されたものであるという。

　リリスは、メソポタミア起源の「夜の女怪物」であり、子どもを盗んだり、害を与えるとされていた。リリスはアダムとイブのうち、アダムのイブ以前の妻であると考える説もある。リリスがアダムを拒否したのは、性行為の際に、男の下になりたくなかったからだという。このせいで、一部のフェミニストたちは、リリスは、「男に従うことを良しとしない、強い女神」であると祭り上げられた。実際にはリリスが女神であるという確証はない。

　ブリギッドはアイルランドのケルト人の女神で、詩、鍛冶、炎、治療などをつかさどる。その崇拝はアイルランドのキリスト教の聖人、「聖ブリギッド」として残った。

　これらの女神は、自分が崇拝しているもの、信じているものであり、悪霊や悪魔を祓う力のあるものと思うなら、他の名前と差し替えられることもある。

　呪文にある、「我々はお前より強い」という宣言も重要である。肉体を持つ存在としての人間は、肉体を持たない霊や悪魔より、強い存在なのである。それを忘れずに、この呪文によってそれを宣言し、悪霊にその事実を突きつけるのだ。

参考文献

第1章

『悪魔学大全』ロッセル・ホープ・ロビンズ 著　松田和也 訳　青土社（1997年）
『悪魔の事典』フレッド・ゲティングズ 著　大瀧啓裕 訳　青土社（1992年）
『悪魔の起源』エレーヌ・ペイゲルス 著　松田和也 訳　青土社（2000年）
『古代悪魔学 サタンと闘争神話』ニール・フォーサイス 著　野呂有子 監訳　倉恒澄子・ほか 訳　法政大学出版局（2001年）
『天国と地獄の百科 天使・悪魔・幻視者 ヴィジュアル版』ジョルダーノ・ベルティ 著　竹山博英・柱本元彦 訳　原書房（2001年）
『妖術師・秘術師・錬金術師の博物館』グリヨ・ド・ジヴリ 著　林瑞枝 訳　法政大学出版局（1986年）
『悪魔 古代から原始キリスト教まで』J・B・ラッセル 著　野村美紀子 訳　教文館（1984年）
『サタン 初期キリスト教の伝統』J・B・ラッセル 著　野村美紀子 訳　教文館（1987年）
『ルシファー 中世の悪魔』J・B・ラッセル 著　野村美紀子 訳　教文館（1989年）
『メフィストフェレス 近代世界の悪魔』J・B・ラッセル 著　野村美紀子 訳　教文館（1991年）
『悪魔の履歴書』ピーター・スタンフォード 著　大出健 訳　原書房（1998年）
『破綻した神 キリスト』バート・D・アーマン 著　松田和也 訳　柏書房（2008年）
『異端カタリ派の哲学』ルネ・ネッリ 著　柴田和雄 訳　法政大学出版局（1996年）
『異端事典』C・S・クリフトン 著　田中雅志 訳　三交社（1998年）
『魔術 もう一つのヨーロッパ精神史 イメージの博物誌4』フランシス・キング 著　澁澤龍彦 訳　平凡社（1978年）
『香部屋係のハンドブック 主よ、どこに過越の準備を』白浜満・齋藤賀壽子 共著　教友社（2005年）
『新共同訳 旧約聖書』共同訳聖書実行委員会 訳　日本聖書協会（1999年）
『新共同訳 新約聖書』共同訳聖書実行委員会 訳　日本聖書協会（1999年）
『エクソシスト・コップ NY心霊事件ファイル』ラルフ・サーキ 著　楡井浩一 訳　講談社（2001年）
『エクソシストは語る』ガブリエル・アモース 著　いつくしみセンター 編　エンデルレ書店（2007年）
『天使と悪魔の大事典 ムー謎シリーズ14』　学習研究社（2000年）
『エクソシストとの対話』島村菜津 著　小学館（1999年）
『バチカン・エクソシスト』トレイシー・ウイルキンソン 著　矢口誠 訳　文藝春秋（2007年）
「地球万華鏡」（『読売新聞』2003年12月7日付）

第2章

(仏教者)

『明恵上人伝記』平泉洸 全訳注　講談社（1980年）
『仏具大事典』岡崎譲治 監修　鎌倉新書（1982年）
『呪術宗教の世界 密教修法の歴史』速水侑 著　塙書房（1987年）
『定本 新国語図録』小野勝孝 著　共文社（1989年）
『怪異日本史 各地に残るミステリーゾーン』桜井徳太郎 監修　主婦と生活社（1989年）
『江戸の悪霊祓い師』高田衛 著　筑摩書房（1991年）
『図説日本呪術全書』豊嶋泰國 著　原書房（1998年）

『奈良・平安仏教の展開』速水侑 編　吉川弘文館（2006年）

(修験者)
『修験道入門』五来重 著　角川書店（1980年）
『山の宗教 修験道案内』五来重 著　角川学芸出版（2008年）
『修験道と日本宗教』宮家準 著　春秋社（1996年）
『役行者と修験道の歴史』宮家準 著　吉川弘文館（2000年）
『修験・陰陽道と社寺史料』村山修一 著　法蔵館（1997年）
『役行者伝記集成』銭谷武平 編著　東方出版（1994年）
『修験荒行 求菩提山の行と験力』山田龍真 著　朱鷺書房（1993年）

(陰陽師)
『吉備真備』宮田俊彦 著　吉川弘文館（1961年）
『日本陰陽道史話 朝日カルチャーブックス71』村山修一 著　大阪書籍（1987年）
『日本陰陽道史総説』村山修一 著　塙書房（1981年）
『安倍晴明読本』豊嶋泰國 著　原書房（1999年）
『陰陽師列伝 日本史の闇の血脈』志村有弘 著　学習研究社（2000年）
『陰陽道 呪術と鬼神の世界』鈴木一馨 著　講談社（2002年）

(民間宗教者)
『現代霊法入門 あなたにも今すぐできる70の霊力活用法』皆本幹雄 著　太田出版（1988年）
『日本民俗文化資料集成6 巫女の世界』谷川健一 責任編集　三一書房（1989年）
『新宗教事典』井上順孝・ほか 編　弘文堂（1990年）
『シャーマニズムの世界』佐々木宏幹 著　講談社（1992年）
『民間巫者信仰の研究 宗教学の視点から』池上良正 著　未来社（1999年）
『巨人 出口王仁三郎』出口京太郎 著　天声社（2001年）

第3章
(世界のゴーストハンター)
『アジアの奇祭』さの昭 著　石川武志 写真　青弓社（1998年）
『アフリカの白い呪術師』ライアル・ワトソン 著　村田恵子 訳　河出書房新社（1996年）
『In A Graveyard at Midnight』Edain McCoy　Llewellyn Publications（1995年）
『Santeria Experience』Migene Gonzalez Wippler　Original Publications（2008年）
『A Witch's Guide to Ghosts and the Supernatural』Gerina Dunwich　New Page Books（2002年）
『Gypsy Witchcraft&Magic』Raymond Buckland　Llewellyn Publications（1998年）
『Ozark Magic and Folklore』Vance Randolph　Dover Publications（1964年）

執筆担当（五十音順）

▎**石川武志　第3章**
「ヴードゥーの祭司vs.悪霊」「マクンバのパイ・デ・サント（司祭者）vs.呪い」「ベジタリアン・フェスティバルの導師（タンキー）vs.悪霊」「カーリー・プジャのカーリー女神vs.悪魔」

▎**楠瀬啓　序章・第3章**
「世界のゴーストハンターの概念」「オザーク人の呪術師vs.悪霊」「アパラチア人vs.ハイント（精霊）」「サンテリアのオーヤvs.エンヴィアシオン（悪霊）」「フィリピン心霊手術師vs.悪霊」「スリランカのエデュラ（信仰治療家）vs.病気の精霊」「ジプシーvs.ムロ（死霊）」「イギリスの魔女vs.悪霊」

▎**豊嶋泰國　第2章**
▎**星野太朗　第1章**

■編者略歴
三猿舎（さんえんしゃ）
2004年より活動を開始した編集プロダクション。
歴史を中心に各種人文書の編集・執筆に取り組む。
主な著書（編著）は『実は平家が好き。』
『司馬遼太郎作品の女たち』（以上、メディア・ファクトリー）
『自分史を書くための戦後史年表』（朝日新聞社）
『Truth In Fantasy 77 西遊記 キャラクターファイル』（新紀元社）など。

Truth In Fantasy 86
ゴーストハンター
エクソシストから修験者まで

2011年5月10日　初版発行

編集　　　三猿舎
　　　　　新紀元社編集部

発行者　　藤原健二
発行所　　株式会社新紀元社
　　　　　〒101-0054
　　　　　東京都千代田区神田錦町3-19
　　　　　楠本第3ビル4F
　　　　　TEL：03-3291-0961　FAX：03-3291-0963
　　　　　http://www.shinkigensha.co.jp/
　　　　　郵便振替 00110-4-27618

カバーイラスト　丹野忍

本文イラスト　　シブヤユウジ・渋谷ちづる

デザイン・DTP　株式会社明昌堂

印刷・製本　　　株式会社リーブルテック

ISBN978-4-7753-0903-2
乱丁・落丁本はお取り替えいたします。
定価はカバーに表示してあります。
Printed in Japan